Findbuch des Bestandes Abt. 22
Herzöge von Schleswig-Holstein-Sonderburg-Augustenburg

von Jörg Rathjen

Veröffentlichungen des Landesarchivs Schleswig-Holstein
Band 102

Findbuch des Bestandes Abt. 22
Herzöge von Schleswig-Holstein-Sonderburg-Augustenburg

von
Jörg Rathjen

Hamburg University Press
Verlag der Staats- und Universitätsbibliothek Hamburg
Carl von Ossietzky

Impressum

Bibliografische Information der Deutschen Nationalbibliothek:

Die Deutsche Nationalbibliothek verzeichnet diese Publikation in der Deutschen Nationalbibliografie; detaillierte bibliografische Daten sind im Internet über http://dnb.d-nb.de abrufbar.

Die Online-Version dieser Publikation ist auf der Verlagswebseite frei verfügbar *(open access)*. Die Deutsche Nationalbibliothek hat die Netzpublikation archiviert. Diese ist dauerhaft auf dem Archivserver der Deutschen Nationalbibliothek verfügbar.

Open access über die folgenden Webseiten:
Hamburg University Press – http://hup.sub.uni-hamburg.de
URL: http://hup.sub.uni-hamburg.de/purl/HamburgUP_LASH102_Findbuch22
Archivserver der Deutschen Nationalbibliothek – http://deposit.d-nb.de/

ISBN 978-3-937816-89-0
ISSN 1864-9912

Redaktion: Malte Bischoff, Veronika Eisermann, Rainer Hering, Sven Schoen

Produktion: Elbe-Werkstätten GmbH, Hamburg, Deutschland
http://www.ew-gmbh.de

Gestaltung von Schutzumschlag und Buchdecke: nach Entwürfen von Atelier Bokelmann, Schleswig

INHALTSVERZEICHNIS

VORBEMERKUNG

Geschichte des Hauses Augustenburg

Das Augustenburger Herzoghaus entstand im 17. Jahrhundert als Nebenlinie des Fürstenhauses Schleswig-Holstein-Sonderburg. Stammvater des augustenburgischen Zweigs war Herzog Ernst Günther (1609-1689), der drittälteste Sohn des Sonderburger Herzogs Alexander (1573-1627). Ernst Günther hatte bei der Erbteilung 1633 nur den Herzogstitel, aber kein Territorium geerbt. Er ließ sich als Gutsherr auf der Insel Alsen nieder und errichtete dort das Schloss Augustenburg. Seine Nachkommen erweiterten den augustenburgischen Besitz durch Ankäufe von Gütern auf Alsen und am Sundewitt.

Als Nebenlinie der oldenburgischen Königsdynastie besaßen die Augustenburger enge familiäre Bindungen an das dänische Königshaus und bekleideten bis ins 19. Jahrhundert hinein bedeutende Staatsämter. Das gute Verhältnis zwischen den dänischen Königen und den Herzögen von Augustenburg zerbrach allerdings zu Beginn des 19. Jahrhunderts. Ausschlaggebend waren die Diskussionen um die Erbfolge im dänischen Gesamtstaat, bei denen dem Haus Augustenburg aufgrund seiner Abstammung und familiären Beziehungen zum Königshaus in Kopenhagen eine zentrale Rolle zukam. Während sich die Hoffnungen auf die Thronfolge im dänischen Gesamtstaat zerschlugen, pochten die Augustenburger hingegen auf ihr Erbrecht in den Herzogtümern Schleswig und Holstein für den Fall, dass die oldenburgische Dynastie in männlicher Linie erlöschen sollte.

Um diesen Anspruch durchzusetzen, schloss sich Herzog Christian August (1798-1869) in den 1840er-Jahren der erstarkenden schleswig-holsteinischen Bewegung an. Die Erhebung der Herzogtümer 1848 unterstützte er politisch. Sein Bruder, Prinz Friedrich Emil August (1800-1865) – nach seinem Wohnsitz auch „Prinz von Noer“ genannt – trat sogar in die neu gebildete Provisorische Regierung ein und übernahm den Oberbefehl über die Schleswig-Holsteinische Armee, den er bis September 1848 innehatte. Nach der Niederschlagung der schleswig-holsteinischen Erhebung 1851 wurden die Augustenburger als Landesverräter aus den Herzogtümern verwiesen. Herzog Christian August musste gegen Entschädigung die neue dänische Thronfolgeregelung, die Prinz Christian aus dem verwandten Hause Schleswig-Holstein-Sonderburg-Glücksburg als neuen Prätendenten vorsah, anerkennen und den augustenburgischen Besitz auf Alsen und am Sundewitt abtreten. Dieser wurde versteigert. Vom Erlös der Auktion sowie von der Entschädigungssumme kaufte der Herzog die Herrschaft Primkenau in Niederschlesien, wohin er sich mit seiner Familie zurückzog. 1856 fügte der Herzog noch das Gut Dolzig in der Provinz Brandenburg seinen Besitzungen hinzu.

Eine neue Möglichkeit, den augustenburgischen Erbanspruch zu verwirklichen, ergab sich beim Tod des kinderlosen dänischen Königs Friedrich VII. im November 1863 und der dänischen Niederlage im Krieg von 1864. Der Sohn Herzog Christian Augusts, Friedrich (1829-1880), ließ sich nach dem Tod des Königs umgehend in den

Herzogtümern Schleswig und Holstein als neuer Herzog Friedrich VIII. huldigen. Zum Zeichen seiner Souveränität bildete er eine eigene Landesregierung, und es gelang ihm auch, von einigen deutschen Staaten anerkannt zu werden. Die Hoffnung auf ein eigenständiges Schleswig-Holstein mit einem augustenburgischen Herzog an der Spitze zerschlug sich jedoch 1866 mit der Niederlage Österreichs gegen Preußen und der Inkorporierung der Herzogtümer in den preußischen Staatsverband im Jahr darauf. Immerhin aber konnte Herzog Friedrich einen Teil der ehemaligen augustenburgischen Besitzungen, darunter Gravenstein, in diesen Jahren wieder zurückkaufen.

Eine bedeutende gesellschaftliche und dynastische Aufwertung erfuhr das Haus Augustenburg 1881 mit der Heirat der Prinzessin Auguste Viktoria, der ältesten Tochter Herzog Friedrichs, mit dem Sohn des Kronprinzen, Prinz Wilhelm, dem späteren Kaiser Wilhelm II.

Die nachfolgenden Herzöge Ernst Günther (1863-1921) und Albert (1869-1931) starben jeweils ohne Erben, sodass das Haus Augustenburg 1931 in männlicher Linie erlosch. Der von Prinz Friedrich Emil August begründete Familienzweig Noer war bereits mit dem Ableben seines Sohnes, des Grafen Friedrich August (1833-1881), ausgestorben.

Bestandsgeschichte

Der Bestand Abt. 22 umfasst das herzoglich-augustenburgische Hausarchiv (Primkenauer Archiv) sowie das Archiv des auf Gut Noer wohnenden Familienzweiges des Herzoghauses.

Das Hausarchiv auf Schloss Augustenburg bestand ursprünglich aus den Augustenburger und Gravensteiner Oberinspektoratsarchiven, dem Rechnungsarchiv, dem Sekretariatsarchiv sowie aus der Korrespondenz und den politischen Schriften der Herzöge Friedrich Christian II. und Christian August. Nach der schleswig-holsteinischen Erhebung (1848-1851) gelangte ein Großteil der in Augustenburg zurückgelassenen Unterlagen nach Kopenhagen, wo sie durchgesehen wurden. Anschließend sandte man das Archiv nach Apenrade. Das dänische Angebot an Herzog Christian August, das Hausarchiv wieder an ihn abzugeben, lehnte dieser 1853 wegen angeblich fehlender Schriftstücke ab. Ein Behältnis mit persönlichen Schriften des Herzogs war 1848 im Milchkeller eines Pächters in Ekenis vergraben worden und konnte 1868 geborgen werden.

Nach dem deutsch-dänischen Krieg 1864 kam der in Apenrade verbliebene Teil des Hausarchivs nach Primkenau, während sich andere Teile zu diesem Zeitpunkt entweder im Besitz des Hofrates Bahrt in Pinneberg oder noch in Augustenburg bzw. auf Schloss Gravenstein befanden. Die dem Herzog anvertrauten Akten der Erhebungsbehörden hingegen schaffte Herzog Christian August nach Gotha. Der Großteil dieser politisch-militärischen Akten gelangte dann bis 1870 ins Archiv nach Primkenau. Der Rest verblieb vorerst in Gotha und kam vermutlich erst um 1890 nach Primkenau. Dorthin gelangte auch das Schriftgut der Herzoglich Schleswig-Holsteinischen Landesregierung aus den Jahren von 1863 bis 1866, das zuvor nach England transportiert worden war.

Die Ordnung des Augustenburger Hausarchivs erfolgte im Jahr 1888 durch Prof. Hubertus Ermisch, Archivar am sächsischen Staatsarchiv in Dresden. 1925 veröffentlichte Dr. Erich Graber diese Verzeichnung Ermischs in seinen Inventaren der nichtstaatlichen Archive Schlesiens (siehe Literaturhinweis).

In Schleswig-Holstein kam es angesichts der Bedeutung, die dieser Bestand für die Landesgeschichte hat, namentlich durch die Gesellschaft für Schleswig-Holsteinische Geschichte nach 1920 zu mehreren Versuchen, das augustenburgische Hausarchiv wieder zurückzuholen. Nach längeren Verhandlungen übereignete Herzog Albert schließlich 1927 das Primkenauer Archiv in seinem Testament als Herzog-Albert-Stiftung der Landesbibliothek in Kiel mit der Maßgabe, die Archivalien erst zwanzig Jahre nach seinem Ableben öffentlich zugänglich zu machen. Nach dem Tod Herzog Alberts im Jahr 1931 gelangte das Hausarchiv gemäß der testamentarischen Bestimmungen in die Landesbibliothek nach Kiel. Dort lagerte auch das Archiv des Noerer Familienzweigs.

Weitere augustenburgische Archivalien konnten für Schleswig-Holstein durch das Staatsarchiv in Kiel gesichert werden, als es 1932 von einem Berliner Antiquar Akten und Schriftstücke aus Primkenau in einem Umfang von 23 laufenden Metern erwarb (Acc. 14/1932). Es handelte sich hierbei hauptsächlich um Akten der Hof- und Gestütsverwaltung sowie um Verordnungen und Statuten, die teilweise von Ermisch nicht in seine Verzeichnung mit aufgenommen worden waren. Als das Hausarchiv nach Ablauf der Sperrfrist 1952 für die Benutzung freigegeben wurde, konnte allerdings nur ein geringer Teil (1,5 laufende Meter) aufgefunden werden, der Rest gilt als vernichtet.

Im Jahr 1965 übergab die Landesbibliothek das Primkenauer Archiv und das Familienarchiv Noer (insgesamt 63 laufende Meter) dem Landesarchiv Schleswig-Holstein als Depositum (Acc. 41/1965), wo es seitdem die Abt. 22 bildet. Die Archivalien des Familienarchivs Noer, die neben den Korrespondenzen und Schriftstücken der Familienmitglieder auch noch Hofhaltungsrechnungen der dänischen Königin Caroline Mathilde von ihrem Aufenthalt in Celle sowie Schriftstücke der Herzogin Louise Augusta enthielten, bildeten im Landesarchiv gemeinsam mit den noch vorhandenen Resten der 1932 erworbenen Archivalien den Bestand Abt. 22 ungeordnet.

In einer Nachlieferung der Schleswig-Holsteinischen Landesbibliothek erhielt das Landesarchiv zusätzliche 0,5 laufende Meter Archivalien (Acc. 5/1966), die hauptsächlich Schriftstücke zu Ordnungsarbeiten am Hausarchiv, stark beschädigte Druckschriften sowie mehrere Kartenblätter zu Baumaßnahmen auf Schloss Noer und Gut Grönwohld umfassten.

Eine weitere kleine Ablieferung erfolgte 1985. Sie enthielt vorwiegend Korrespondenzen des Herzogs Christian August und seiner Frau Louise Sophie (Acc. 106/1985), die offenbar bereits in den 1930er-Jahren sortiert und in Briefumschläge verpackt worden waren.

Nach der Übergabe des Haus- und Familienarchivs an das Landesarchiv erfolgte dort eine erste Ordnungsarbeit, bei der für die bisherigen Gliederungspunkte I A bis III C des Ermischschen Verzeichnisses die alten Signaturen durch eine neue fortlaufende Nummerierung ersetzt wurden (Nr. 1-592). Für die Abt. 22 ungeordnet war 1986 eine provisorische Sortierung vorgenommen worden.

Als Findmittel lagen neben dem Verzeichnis von Ermisch für das Augustenburger Hausarchiv und dessen Publikation bei Graber noch eigene Findbücher zu den Akten der Erhebungsbehörden 1848-1851 sowie der herzoglichen Landesregierung 1863-1866 (Abt. 22 III EE und IV DD) vor. Für den Bestand Abt. 22 ungeordnet existierte eine Aufstellung der provisorischen Sortierung, die das alte Inventar zum Familienarchiv Noer ersetzte.

Im Jahr 2008 erfolgte eine Neuverzeichnung des sich nun im Eigentum des Landesarchivs befindlichen Haus- und Familienarchivs. Dabei fand am Bestand eine Überprüfung der Angaben des Verzeichnisses von Ermisch und des Findbuchs zu den Gruppen III EE und IV DD statt. Gleichzeitig wurde die begonnene Neuvergabe von Signaturen fortgesetzt. Über den Verbleib der alten Nummern unterrichten Konkordanzen am Ende des vorliegenden Findbuchs. Bei der Verzeichnung des Hausarchivs blieb die von Ermisch vorgenommene Ordnung weitgehend erhalten. Bei umfangreicheren Klassifikationsgruppen schien es jedoch sinnvoll, weitere Gliederungsstufen einzuführen, um eine schnellere und zielgerichtetere Recherche zu ermöglichen. Der Bestand Abt. 22 ungeordnet wurde grundlegend neu erschlossen, wobei das alte Inventar des Familienarchivs Noer als Grundlage für die Klassifikation diente. Auch hier wurden im Sinne einer besseren Übersichtlichkeit neue Untergliederungen eingeführt. Der Inhalt der 1985 abgelieferten Archivkartons wurde in die entsprechenden Nummern einsortiert.

Die Laufzeit des Bestandes erstreckt sich vom 17. bis zum 20. Jahrhundert, wobei der Schwerpunkt jedoch auf dem 19. Jahrhundert liegt. Besonders hinzuweisen ist auf den für die politische Geschichte Schleswig-Holsteins außerordentlich bedeutsamen Bestand an Archivalien aus der Zeit der schleswig-holsteinischen Erhebung, insbesondere zu auswärtigen und militärischen Angelegenheiten. Außerdem befindet sich in Abt. 22 auch das Archiv der Herzoglich Schleswig-Holsteinischen Landesregierung (1863-1866). Spärlich hingegen ist die Überlieferung für die Zeit Herzog Ernst Günthers oder Herzog Alberts. Ihre Akten sind vermutlich bei der Zerstörung des Schlosses Primkenau gegen Ende des Zweiten Weltkriegs vernichtet worden.

Nach der Übernahme durch das Landesarchiv wurden aus lagerungstechnischen und konservatorischen Gründen der Abt. 22 elf Urkunden (Nr. 1-11) entnommen und als Urk.-Abt. 22 zu einem eigenen Bestand zusammengefasst. Im Jahr 2008 erhielt das

Landesarchiv von der Schleswig-Holsteinischen Landesbibliothek in Kiel den Heiratsvertrag zwischen Prinz Friedrich Leopold von Preußen und Prinzessin Luise Sophie von Schleswig-Holstein-Sonderburg-Augustenburg (Nr. 12). Die Urkunden Nr. 13 und 14 fanden sich während der Verzeichnungsarbeiten im ungeordneten Teil der Abt. 22.

Dem vorliegenden Findbuch ebenfalls hinzugefügt wurde der Bestand Abt. 402 A 93, der Kartenmaterial zu den Gütern Noer und Grönwohld enthält.

Ein gemeinsames Orts-, Sach- und Personenregister bildet den Abschluss dieses Findbuchs. Für die Suche nach einem Thema oder einem Sachbegriff sollte zuerst die sachsystematische Gliederung benutzt werden und als Ergänzung das Register. Es ist dabei zu beachten, dass die Begriffe für das Register aus den Aktentiteln stammen, also nicht etwa alle Nennungen in den Akten selbst erfassen.

Weitere Archivalien zu den politischen und militärischen Tätigkeiten von Mitgliedern des Augustenburger Hauses finden sich in folgenden Beständen des Landesarchivs:
Abt. 51, Regierungen der Herzogtümer während der Erhebung 1848-1851.
Abt. 55, Militärische Behörden der Erhebungszeit 1848-1851.
Abt. 57-62, Preußisch-österreichische Übergangsbehörden 1863-1868.

Die Gutsarchive von Augustenburg und Gravenstein befinden sich im Landesarchiv Apenrade. Das Landesarchiv Schleswig-Holstein verwahrt dagegen in Abt. 195 die Gutsarchive von Noer, Grönwohld und Behrensbrook.

Der Bestand Abt. 22 umfasst 71 laufende Meter Archivalien.

Die alten Findmittel und Verzeichnisse befinden sich am Ende des Bestandes.

Literatur

Zur Geschichte der augustenburgischen Herzöge sind zahlreiche Veröffentlichungen erschienen. Für grundlegende Informationen und eine erste Orientierung soll hier nur verwiesen werden auf:

Dieter Lohmeier: Schleswig-Holstein-Sonderburg-Augustenburg. In: Biographisches Lexikon für Schleswig-Holstein und Lübeck. Hrsg. im Auftrag der Gesellschaft für Schleswig-Holsteinische Geschichte und des Vereins für Lübecker Altertumskunde. Band 8. Neumünster 1987, 308-313.
Fürsten des Landes. Herzöge und Grafen von Schleswig, Holstein und Lauenburg. Im Auftrag der Gesellschaft für Schleswig-Holsteinische Geschichte hrsg. von Carsten Porskrog Rasmussen. Neumünster 2008.
H. P. Clausen/Jørgen Paulsen: Augustenborgerne. Slægt – Slotte – Skæbe (Fra Als og Sundved 58). Tondern 1980.

Mikkel Venborg Pedersen: Hertuger at synes og at være i Augustenborg 1700-1850. Kopenhagen 2005.
Das Herzoglich Schleswig-Holsteinische Hausarchiv zu Primkenau in Schlesien. In: Die Inventare der nichtstaatlichen Archive Schlesiens, Kreis Sprottau (Codex Diplomaticus Silesiae Band XXXI). Hrsg. von Dr. Erich Grabe. Breslau 1925.
Olaf Klose: Das Primkenauer Archiv. In: Zeitschrift der Gesellschaft für Schleswig-Holsteinische Geschichte 76 (1952), 201-206.

Benutzungshinweise

Zitierweise der Akten: Sigle des Landesarchivs, Abteilungsbezeichnung und Nummer der Akte, also zum Beispiel LASH Abt. 22 Nr. 143.

Schleswig, im Januar 2012 Jörg Rathjen

GENEALOGIE UND ÄLTERE HAUSGESCHICHTE BIS FRIEDRICH CHRISTIAN I. (BIS 1794)

Verzeichnisse der Archivalien

5 Verzeichnis der in der eisernen Lade befindlichen Papiere
1796-1883

3 Vom Assessor Blanser in Aeröskōbing vor seiner Landesverweisung dem Hofrat Barth zugestellte Dokumente 1846

2 Nach Einsicht des Archivs des Obergerichts in Glückstadt requirierte sowie ein- und zurückgelieferte (Plöner) Archivalien 1849-1852

1 Aus Kopenhagen zurückgesandte Papiere sowie von Augustenburg und Apenrade requirierte und anderweitig von Augustenburg erhaltene Papiere 1853-1870

4 Aufsatz von Prof. W. Junghans in Kiel über die Landesarchive in Schleswig-Holstein, Briefwechsel mit Hofrat Bahrt in Pinneberg über die Entsendung von Archivalien nach Primkenau und Gotha
1864-1870

1961 Nachweis der verliehenen Archivalien 1870-1918
Enthält u. a.: Brief des Professors Paul Volquardsen, Kiel, an Herzog Ernst Günther über die Rückgabe der 1878 an seinen Bruder verliehenen Schriftstücke, 1917

6 Aktenverzeichnisse und Inventare [1873]

7 Verzeichnis der Schriftstücke im Schrank auf dem Flur und im Spiegelschrank 1884

2026 Ordnungsarbeiten am Hausarchiv, Aufstellung der Archivalien der Herzogin Louise Sophie und der Prinzessin Amalie [1889-1901]

Allgemeine Hausgeschichte

8 Abschriften der in der Privilegienlade der schleswig-holsteinischen Stände liegenden Urkunden (1422-) 17. Jahrhundert
Enthält u. a.: Inhaltsverzeichnis

9 Abschriften schleswig-holsteinischer Urkunden
(1293-1706) 17./18. Jahrhundert

10 Abschriften von Familienverträgen und anderen Urkunden zur schleswig-holsteinischen und dänischen Geschichte
(1564-1778) 1826, 1864

11 Abschriften älterer Dokumente zur schleswig-holsteinischen Erbfolge
(1640-) 19. Jahrhundert

Enthält u. a.: Fragment eines französischen Aufsatzes zur Erbfolge

12 Schriften über die Einführung des Königsgesetzes in Dänemark
(1660-1666) 18. Jahrhundert

13 Ältere königliche Bewilligungen sowie Abschriften von königlichen Versicherungs- und Übertragungsakten 1756-1764 1670-1766

14 Schrift des Fürstenhauses Schleswig-Holstein-Sonderburg gegen die Darstellung ihrer Linie in der Landesbeschreibung von Caspar Danckwerth 1654

15 Stats-Forfatning af Slesvig og Holstein samt Grevskaberne Oldenborg og Delmenhorst [Staatsverfassung für Schleswig und Holstein mit den Grafschaften Oldenburg und Delmenhorst] [18. Jahrhundert]

16 Mémoire aus der Geschichte Schleswig-Holsteins bis 1721 zur Erbfolge nach 1834

17 Rechtsgeschichte der Herzogtümer Schleswig und Holstein von Adam Heinrich Lackmann 1743

18 Bemerkungen über das Erbrecht des Hauses Schleswig-Holstein-Sonderburg [19. Jahrhundert]

19 Darlegung des Erbrechts des Hauses Schleswig-Holstein-Sonderburg auf das Großherzogtum Oldenburg [19. Jahrhundert]

Enthält u. a.: handschriftliche Stammtafeln; Abschriften von Urkunden des 17. und 18. Jahrhunderts

20 Ahnentafeln König Christians III. von Dänemark und seiner Frau Dorothea in der Schlosskapelle in Sonderburg sowie Herzog Friedrich Christians II. und seiner Frau Louise Augusta [19. Jahrhundert]

21 Zusammenstellung über den Besitz des Herzogtums Plön sowie Verzeichnisse über verschiedene Akten und Dokumente des Herzogtums 1775-19. Jahrhundert

22 Entwurf eines Personen-, Orts- und Berufsregisters zum Stadtbuch von Kiel und wahrscheinlich auch zu anderen Quellen von Professor Johann Christian Ravit [19. Jahrhundert]

23 Materialien zur Geschichte und Statistik Schleswig-Holsteins von Dr. Ravit: Ämter Kiel, Bordesholm und Kronshagen, lübsche Güter, lübsche Stadtstiftsdörfer, Kanzleigüter, oktroyierte Köge (1531-) um 1853

24 Materialien zur Geschichte und Statistik Schleswig-Holsteins von Dr. Ravit: Verzeichnis der adligen Güter in den Herzogtümern sowie Klöster und adlige Güter in Holstein (1754-) um 1853

25 Materialien zur Geschichte und Statistik Schleswig-Holsteins von Dr. Ravit: adlige Güter im Herzogtum Schleswig (1708-) um 1853
Enthält vor allem: Gutsbeschreibungen

26 Herzogliche, holländische und lübeckische gesetzliche Bestimmungen zu Strandungen 1649

27 Kursächsische Landtagsakten: Auseinandersetzungen zwischen Kurfürst und der Ritterschaft sowie Städten 1781-1787
Enthält u. a.: Verzeichnis der Ober-Steuereinnahmen 1781-1785

Eheverträge und Nachlassangelegenheiten

28 Eheverträge und Dotalgelder 1728-1769 (1880)

29 Testamente 1748-1786 (1882)
Enthält u. a.: Nachweis über die an Prof. K. Wieding in Kiel gesandten Dokumente, 1882

30 Plön-Glücksburger Erbfolgefall und Erwerb der Güter Gammelgaard, Rönhof, Langenvorwerk, Maibüllgaard und Keckenisgaard sowie des Schlosses in Sonderburg 1753-1762
Enthält u. a.: Darstellung des Erbanspruches des Herzogs Christian August von Augustenburg auf das Herzogtum Plön, 1753

31 Nachlass des Herzogs Friedrich Karl von Schleswig-Holstein-Sonderburg-Plön 1761-1771
Enthält u. a.: Verzeichnis der Schulden und ausstehenden Pensionen

32 Nachlass der Herzogin Christine Armgaarde von Schleswig-Holstein-Sonderburg-Plön (1762-) 1779-1781

33 Nachlass der Prinzessin Charlotte Amalie von Schleswig-Holstein-Sonderburg-Plön (1781) 1787
Enthält u. a.: Versteigerungsprotokolle

34 Ehestiftung der Herzogin Christiana Louise, verwitwete Fürstin von Hohenlohe und geborene Herzogin von Schleswig-Holstein-Sonderburg-Plön, und des Herzogs Ludwig Friedrich von Sachsen-Hildburghausen sowie die Dotalgelder 1748-1749, 1770

35 Nachlass der Herzogin Christiana Louise von Sachsen-Hildburghausen (1764-1768) 1778-1782
Enthält u. a.: Versteigerungsprotokoll

36 Erbschaftsvergleich zwischen den Prinzessinentöchtern des Herzogs Joachim Friedrich von Schleswig-Holstein-Sonderburg-Plön und Herzog Friedrich Karl, Vormundschaft des Konferenzrats Claus Christoph von Thienen über die Prinzessinen, Übertragung einer Schuldforderung durch die Prinzessin Christiana Louise von Hohenlohe an ihre Schwestern 1741-1744

Vermögensverwaltung

2062 Rechnungen der Prinzessin Louise Sophie und Rechnung über Schulgeld für Prinzessin Louise Christine Caroline 1755-1756, 1783

37 Augustenburger Güter auf Alsen (Abschriften) 1651-1813

38 Verzeichnis der Einkünfte und Hebungen der Gravensteiner Güter im Herzogtum Schleswig 1725
Druckschrift, fehlende Teile handschriftlich ergänzt

39 Einkünfte der Augustenburger Güter auf Alsen 1771

40 Verzeichnis der Forderungen und Ansprüche an Herzog Christian August von Schleswig-Holstein-Sonderburg (1753) 1754 (1756)

41 Forderung der Allodialerben des Herzogs Friedrich Karl von Schleswig-Holstein-Sonderburg-Plön von 50.000 Reichstalern an den dänischen König 1766-1777

42 An die Erben der Königin Anna Sophia von Dänemark, insbesondere die Herzogin Christine Armgaarde von Schleswig-Holstein-Sonderburg-Plön, gelangte Reventlow-Schmoelischen Konkursgelder aus Kronshagen 1767-1771

43 Berechnung einer auf das Jahr 1775 erhobenen, früher der königlichen Kasse vorgeschossenen und zum Schuldenabtrag verwandten Geldsumme 1733-1776

44 Eigenhändiger Bericht des Herzogs Friedrich Christian I. zur Entwicklung des Hausvermögens nach dem Tod des Herzogs Christian August 1777-1788

45 Rentekammerschreiben zur Tilgung der auf den Gütern Rönhof und Langenvorwerk für das Kopenhagener Sequesthaus protokollierten 40.000 Reichstaler 1781

46 Kassierte Obligationen und Quittungen 1705-1766

47 Quittungen zur Hofhaltung in Augustenburg und Gravenstein 1714-1755

Enthält u. a.: Aufstellung der Einnahmen und Ausgaben der Haushaltungen 1754-1760

48 Quittungen zur Hofhaltung in Augustenburg und Gravenstein: Prinzessin Christiane Ulrike 1754-1769

49 Quittungen zur Hofhaltung in Augustenburg und Gravenstein: Herzogin Charlotte Amalie Wilhelmine 1760-1770

Enthält u. a.: Aufstellung der Einnahmen und Ausgaben der Haushaltungen 1762-1767; Rechnungen von den Handgeldern

50 Quittungen zur Hofhaltung in Augustenburg und Gravenstein: Herzog Friedrich Christian I. 1767-1774

51 Quittungen zur Hofhaltung in Augustenburg und Gravenstein: Herzog Friedrich Christian I. 1775-1784

52 Hof- und Staatskalender 1778
Enthält auch: zahlreiche eigenhändige Einträge Herzog Friedrich Christians I. über Jagd, Wetter, Gesundheit, Gäste, Spielrechnungen und andere Angelegenheiten

53 Hof- und Staatskalender 1780
Enthält auch: zahlreiche eigenhändige Einträge Herzog Friedrich Christians I. über Jagd, Wetter, Gesundheit, Gäste, Spielrechnungen und andere Angelegenheiten

54 Hof- und Staatskalender 1782
Enthält auch: zahlreiche eigenhändige Einträge Herzog Friedrich Christians I. über Jagd, Wetter, Gesundheit, Gäste, Spielrechnungen und andere Angelegenheiten

55 Hof- und Staatskalender 1783
Enthält auch: zahlreiche eigenhändige Einträge Herzog Friedrich Christians I. über Jagd, Wetter, Gesundheit, Gäste, Spielrechnungen und andere Angelegenheiten

56 Hof- und Staatskalender 1784
Enthält auch: zahlreiche eigenhändige Einträge Herzog Friedrich Christians I. über Jagd, Wetter, Gesundheit, Gäste, Spielrechnungen und andere Angelegenheiten

57 Hof- und Staatskalender 1785
Enthält auch: zahlreiche eigenhändige Einträge Herzog Friedrich Christians I. über Jagd, Wetter, Gesundheit, Gäste, Spielrechnungen und andere Angelegenheiten

58 Hof- und Staatskalender 1786
Enthält auch: zahlreiche eigenhändige Einträge Herzog Friedrich Christians I. über Jagd, Wetter, Gesundheit, Gäste, Spielrechnungen und andere Angelegenheiten

Sonstige ältere Hausgeschichte

59 Auszüge aus Dokumenten zu Deputatgeldern Herzog Hans des Jüngeren und der Prinzen von Sonderburg (1564-1649) 18. Jahrhundert

60 Bericht über den Rendsburger Vergleich zwischen König Christian V. von Dänemark und Herzog Christian Albrecht von Schleswig-Holstein-Gottorf 1675

61 Gedruckter Briefwechsel zwischen König Christian V. von Dänemark und Herzog Christian Albrecht von Schleswig-Holstein-Gottorf wegen der Sequestration des Herzogtums Schleswig 1676-1677

62 Streitigkeiten zwischen König Christian V. von Dänemark und Herzog Christian Albrecht von Schleswig-Holstein-Gottorf sowie der Altonaer Vergleich 1684-1689

63 Denkschrift für Herzog Karl Friedrich von Schleswig-Holstein-Gottorf über die politische Lage um 1718

64 Beilage zum „Itzehoer Wochenblatt“ über die Huldigungsakte 1721 und Artikel der „Dansk Ugeskrift“: „De kongelige danske Sideliniers Hyldingseed og Dahlmann om Arvefolgen i Slesvig“ 19. Jahrhundert

65 Gedicht „Comparaison de la Mer, à la Divinité“ der Prinzessin Christiane Ulrike 1735

66 Wittumsfall der Herzogin Christine Armgaard von Schleswig-Holstein-Sonderburg-Plön und Leistung des Treueides 1740-1760

67 Schriftstücke der verwitweten Herzogin Christine Armgard von Schleswig-Holstein-Sonderburg-Plön 1756-1779

68 Schriftstücke der Herzogin Christine Armgard von Schleswig-Holstein-Sonderburg-Plön zu Kassensachen 1761-1774

69 Königliche Schreiben zum Verzicht auf die Prinzessinensteuer im Herzogtum Schleswig 1764-1766

70 Briefe des Königs Christian VII. von Dänemark an Graf Danneskiold und andere Personen sowie dänische Aktenstücke zur Familie Danneskiold 1766-um 1771

71 Kondolenzschreiben an Prinzessin Charlotte Amalie von Schleswig-Holstein-Sonderburg-Plön zum Tode ihrer Schwester Dorothea Auguste Friederike sowie Mitteilungen von Todesfällen 1746-1775

72 Plönischer Pensionsfonds 1741-1829

73 Quittungen über die von Herzogin Dorothea Christine von Schleswig-Holstein-Sonderburg-Plön ausgesetzten Pensionen für ihren Bediensteten in Reinfeld 1776-1782

74 Schriften zum Sturz des Ministers von Struensee 1772

75 Gedichte, Lobpreisungen, Aufstellung der Friedenstärke und Kosten der dänischen Armee, Abschriften französischsprachiger Briefe 1753-1759

Enthält u. a.: Schreiben Voltaires über das Leben in Potsdam, 1753

Herzog Friedrich Christian I. (1721-1794)

76 Neujahrsglückwunsch vom Prinzen Friedrich Christian an seine Eltern 1729

77 Familienkorrespondenz des Herzogs Friedrich Christian I. 1746-1794

78 Briefwechsel zwischen Herzog Friedrich Christian I. und dem Reisebegleiter und Erzieher seiner Söhne, Legationsrat Schiffmann, während ihres Studiums in Leipzig 1780-1784

Enthält auch: Briefe der Prinzessin Louise an Schiffmann

79 Ankündigungs-, Gratulations- und Kondolenzschreiben 1764-1794

80 Korrespondenz des Herzogs Friedrich Christian I. zur Angelegenheit des Barons von Bar 1747-1752

81 Statuten des Elefantenordens 1693

82 Brief von Lersner an Herzog Friedrich Christian I. zur Verbindung des Erbprinzen von Schleswig-Holstein-Sonderburg-Glücksburg mit der Prinzessin von Nassau-Saarbrücken 1767

83 Schuldbeweis Herzog Friedrich Christians I. über eine von seiner Schwiegermutter seinen beiden jüngeren Söhnen geschenkte Geldsumme 1769

84 Abschriften der Korrespondenz Herzog Friedrich Christians I. 1776-1784

Enthält: Korrespondenz mit dem Geheimrat Gähler und dem Kronprinzen Friedrich von Dänemark wegen der Übertragung eines Regiments an den Erbprinzen Friedrich Christian; Korrespondenz mit Madame d'Olivet wegen eines Heiratsantrages für Prinzessin Louise; Korrespondenz mit Kronprinz Friedrich wegen des Austritts Herzog Friedrich Christians I. aus dem Militärdienst

85 Prozess über die Lehnsfolge der Grafschaft Laurvig (1671-) 1783-1785

Enthält u. a.: Testament der Herzogin Friederike Louise, 1745; Stammtafel des Grafen Ulrich Friedrich von Gyldenlov (1638-1704)

86 Inventar über die Sachen vermutlich der Herzogin Charlotte Amalie Wilhelmine 1769

87 Gedicht „Vers très applicables à mon incomparable épouse“ von Herzog Friedrich Christian I. 1770

88 Verordnung König Friedrichs V. von Dänemark zur Einrichtung einer Pensionskasse 1760

89 Vergleich König Friedrichs V. von Dänemark mit Herzog Friedrich Christian I. und Prinz Emil August wegen des Erbrechts (Anfallrecht) an den Lehnslanden in Plön und Glücksburg 1756-1764

90 Kondolenzschreiben zum Tod des Herzogs Friedrich Christian I. und der Prinzessin Christiane Ulrike 1794-1795

Enthält u. a.: Schreiben der russischen Zarin Katharina II.

91 Patent für Herzog Friedrich Christian I. als General der Infanterie und Entlassung aus dem Militärdienst 1766, 1784, 1791

Enthält auch: Verzeichnis der auf dem Gut Maibüllgaard liegenden Kapitalien mit Namen der Gläubiger, 1791

HERZOG FRIEDRICH CHRISTIAN II. (1765-1814)

Allgemeines

112 Porträts von Elisa von der Reckle, geborene Gräfin von Medem, Graf Bernstorf (Silhouette), Prinz Friedrich von Dänemark (Scherenschnitt) und ein unbezeichnetes Frauenporträt ohne Jahr

Enthält auch: Stich von Kopenhagen

92 Biografie des Herzogs Friedrich Christian II., verfasst von Herzog Friedrich (1768-1791) um 1875

93 Biografie des Herzogs Friedrich Christian II., verfasst von Königin Caroline Amalie von Dänemark um 1820-1881

94 Biografie des Herzogs Friedrich Christian II. von Julius Clausen 1896

Enthält: erstes Kapitel mit Schilderung der Jahre von 1765 bis 1794

95 Briefwechsel zwischen dem Legationsrat Schiffmann und den Prinzen Friedrich Christian, Friedrich Karl Emil und Christian August 1779-1782

Enthält auch: literarische Korrespondenz; Schreiben Fr. von Lühe, A. L. von Stein und Serein an Schiffmann; Rechnungsaufstellung; Anzeige der Calenbergischen Witwenverpflegungs-Gesellschaft

96 Tagebuch des Prinzen Friedrich Christian 1781-1784

Enthält u. a.: Aufzeichnung über das 1774 auf Augustenburg aufgeführte Drama „Der wohltätige Fischer“

97 Auszug aus dem Tagebuch des Begleiters des Prinzen Friedrich Christian, Legationsrat Schiffmann, über die Ankunft in Leipzig (um 1780) 19. Jahrhundert

98 Französischsprachiger Bericht über die Verhandlungen des schwedischen Königs während seines Aufenthalts in Kopenhagen 1787

Enthält auch: Schreiben des Königs Gustav III. an Prinz Friedrich Christian und des Prinzen an Herzog Friedrich Christian I.

99 Niederschrift Herzog Friedrich Christians II. über seine Absicht, sich dauernd auf dem Lande aufzuhalten 1799

100 Notizbücher Herzog Friedrich Christians II. 1799-1811
Enthält auch: ärztliches Attest über den Zustand des Herzogs; Abschriften von Kabinettsordres König Friedrichs II. von Preußen; Ordensschleifen; Gedichte; Rechnungen

101 Grafschaft Samsøe und Vormundschaft des Herzogs Friedrich Christian II. über den Grafen Christian Konrad Sophus von Danneskiold-Samsøe 1771-1801

102 Beisetzung König Christians VII. von Dänemark 1808

103 Orden der Danebrogmännner 1808-1812, 1842-1843

104 Testamente des Herzogs Friedrich Christians II. von 1796 und 1813 1796, 1813-1814

105 Testament des Prinzen Christian August 1799

106 Testament der Prinzessin Louise Christine Caroline 1812, 1815

107 Eingliederung des Herzogtums Holstein in den dänischen Staatsverband 1806
Darin: Inkorporationspatent des dänischen Königs

108 Erbansprüche und Geschichte des Hauses Schleswig-Holstein-Sonderburg-Augustenburg (1660-) 1811-1813
Darin: Patent König Friedrichs IV. zur Inkorporierung des gottorfischen Anteils am Herzogtum Schleswig, 1721

109 Silbersachen der Herzogin von Schleswig-Holstein-Sonderburg-Beck 1807-1809

110 Übereinkunft zwischen Herzog Friedrich Christian II. und seinem Bruder Friedrich Karl Emil wegen einer Anleihe 1814

111 Chiffreschlüssel um 1800

Familienangelegenheiten

113 Briefwechsel zwischen Graf Bernstorff und Herzog Friedrich Christian I. über die Heirat des Erbprinzen Friedrich Christian mit der Prinzessin Louise Augusta von Dänemark 1779-1785, um 1860
Enthält auch: Abschriften und Bemerkungen Herzog Christian Augusts

114 Heirat des Prinzen Friedrich Karl Emil, Apanage für seine Witwe, Ebenbürtigkeit seiner Kinder und Anwartschaft auf ein Lehngut im Herzogtum Lauenburg 1784-1824

115 Unterrichts- und Erziehungsberichte über den Prinzen Christian August vom Lehrer Hans Hinrichsen 1802-1804
Enthält u. a.: Einleitung zu den Protokollen von Hans Hinrichsen

116 Unterrichts- und Erziehungsberichte über die Prinzen Christian August und Friedrich Emil August von Hans Hinrichsen 1805-1808

117 Unterrichts- und Erziehungsberichte über die Prinzen Christian August und Friedrich Emil August von Prof. Krog Meyer und J. H. Germar 1808-1813

118 Tageslehrpläne mit Bewertungen der Prinzen Christian August und Friedrich Emil August 1808-1809

119 Briefwechsel zwischen Herzog Friedrich Christian II. und den Lehrern der Prinzen Prof. Krog Meyer und J. H. Germar 1808-1809
Enthält u. a.: Stundenpläne

120 Erziehung der Prinzen Christian August und Friedrich Emil August
Enthält u. a.: Schularbeiten; Aufgaben 1800-1813
Darin: Tuschezeichnung der europäischen Türkei

121 Historische Lektionen von Herzog Friedrich Christian II. für den Geschichtsunterricht der Prinzen um 1810

Briefwechsel

Briefwechsel mit Mitgliedern des Hauses Schleswig-Holstein

122 Briefwechsel zwischen Prinzessin Louise Christine Caroline und Herzog Friedrich Christian II. 1781-1788
Enthält u. a.: Gedichte der Prinzessin
Enthält auch: Briefe des Herzogs Friedrich Christian I. an Prinz Friedrich Christian

123 Briefwechsel zwischen Prinzessin Louise Christine Caroline und Herzog Friedrich Christian II. 1789-1792
Enthält auch: Schreiben des Herzogs Friedrich Christian I. an Prinz Friedrich Christian

124 Briefwechsel zwischen Prinzessin Louise Christine Caroline und Herzog Friedrich Christian II. 1793-1795
Enthält auch: Schreiben des Herzogs Friedrich Christian I. an Prinz Friedrich Christian

125 Briefwechsel zwischen Prinzessin Louise Christine Caroline und Herzog Friedrich Christian II. 1796-1798

126 Briefwechsel zwischen Prinzessin Louise Christine Caroline und Herzog Friedrich Christian II. 1799-1800

127 Briefwechsel zwischen Prinzessin Louise Christine Caroline und Herzog Friedrich Christian II. 1801-1803

128 Briefwechsel zwischen Prinzessin Louise Christine Caroline und Herzog Friedrich Christian II. 1804-1806

129 Briefwechsel zwischen Prinzessin Louise Christine Caroline und Herzog Friedrich Christian II. 1807-1813

130 Briefe des Prinzen Friedrich Karl Emil an Prinz Friedrich Christian und seine übrigen Geschwister 1790-1813

131 Briefe des Prinzen Friedrich Karl Emil aus Paris an Major von Normann und Ausschnitte aus französischen Zeitungen 1797

132 Briefe der Herzogin Louise Augusta an Herzog Friedrich Christian II. 1788, 1794-1805

133 Briefe der Herzogin Louise Augusta an Herzog Friedrich Christian II. 1806-1814

134 Briefwechsel der Herzogin Louise Augusta 1776-1824
Enthält u. a.: Königin Juliane von Dänemark; Prinzessin Louise Christine Caroline; Prof. Platner

135 Briefe der Prinzessin Caroline Amalie, des Prinzen Christian August und des Prinzen Friedrich Emil August an ihren Vater Herzog Friedrich Christian II. um 1800-1818

136 Briefe des Herzogs Friedrich Christian II. an die Prinzen Christian August und Friedrich Emil August um 1806

137 Briefe der Prinzessinen Christiane Ulrike, Sophie Magdalene und Charlotte Amalie an Herzog Friedrich Christian II. 1784-1796

138 Briefe des Herzogs Friedrich Christian II. an die Prinzessinen Christiane Ulrike, Sophie Magdalene und Charlotte Amalie 1785-1796
Enthält vor allem: Schule

139 Schuldbriefe der Prinzessinen Christiane Ulrike, Sophie Magdalene und Charlotte Amalie 1781-1799, 1818
Enthält auch: Aktenverzeichnis zur Schuldenregulierung, 1818

140 Briefe der Prinzessin Sophie von Schleswig-Holstein-Sonderburg-Glücksburg und Äbtissin des Klosters Wallöe an Herzog Friedrich Christian II. 1788-1810

141 Briefe der Prinzessin Juliane Wilhelmine von Bentheim-Steinfurt, geborene Herzogin von Schleswig-Holstein-Sonderburg-Glücksburg 1789-1810

142 Beileidsbrief der Prinzessin Anna Charlotte von Schleswig-Holstein-Sonderburg-Glücksburg an Herzog Friedrich Christian II. zum Tod seines Vaters 1794

143 Briefe des Herzogs Friedrich Karl Ludwig von Schleswig-Holstein-Sonderburg-Beck an Herzog Friedrich Christian II. 1804-1813

144 Briefe des Herzogs Wilhelm und der Herzogin Louise von Schleswig-Holstein-Sonderburg-Beck an Herzog Friedrich Christian II. 1806-1812

Briefwechsel mit Mitgliedern anderer fürstlicher Häuser

145 Briefe des Fürsten Friedrich Albrecht, der Fürstin Louise und ihres Sohnes Alexis von Anhalt-Bernburg 1790-1808

146 Briefe des Herzogs Friedrich Karl Ferdinand von Braunschweig-Bevern an Herzog Friedrich Christian II. 1786-1807

147 Briefe der Herzogin Caroline von Braunschweig-Bevern an Herzog Friedrich Christian II. und seine Frau 1788-1813

148 Briefe der Herzogin Auguste von Braunschweig-Wolfenbüttel 1790-1806

149 Briefe der Erbprinzessin Friederike Luise Wilhelmine von Braunschweig-Wolfenbüttel an Herzog Friedrich Christian II. 1796-1808

150 Brief der Prinzessin Auguste Dorothea von Braunschweig-Wolfenbüttel an Herzog Friedrich Christian II. 1806

151 Briefe der Prinzen Georg und August von Braunschweig-Wolfenbüttel an Herzog Fredrich Christian II. 1807-1808
Enthält auch: Briefe von Häckel in der Erbfolgefrage in Braunschweig

152 Briefe des Herzogs Friedrich Wilhelm von Braunschweig-Oels 1807-1808

153 Briefe der König Juliane Marie von Dänemark an Herzog Friedrich Christian II. 1791-1796

154 Briefe des Herzogs Friedrich Christian II. an Königin Juliane Marie 1787-1795

155 Briefe des Königs Christian VII. von Dänemark an Herzog Friedrich Christian II. 1791-1799

156 Briefwechsel zwischen Herzog Friedrich Christian II. und König Friedrich VI. von Dänemark 1790-1814

157 Briefwechsel des Herzogs Friedrich Christian II. mit König Friedrich VI. von Dänemark und dem Thronfolger Prinz Christian Friedrich (Abschriften) 1779, 1786-1814
Enthält u. a.: Denkschrift Herzog Friedrich Christians II. über die Pressefreiheit
Enthält auch: Schreiben des Grafen Bernstorff an König Christian VII. über eine Heirat von Prinzessin Louise Augusta mit Prinz Friedrich Christian, 1779

158 Briefwechsel zwischen Königin Marie von Dänemark und Herzog Friedrich Christian II. 1790-1815

159 Briefe des Prinzen Christian Friedrich von Dänemark an Herzog Friedrich Christian II. 1804-1814

160 Briefe der Prinzessin Caroline von Dänemark an Herzog Friedrich Christian II. 1807-1811

161 Briefe des Prinzen Friedrich von Dänemark an Herzog Friedrich Christian II. 1788-1805

162 Briefe der Prinzessin Sophie von Dänemark an Herzog Friedrich Christian II. 1790-1794

163 Briefe des Königs George III. und der Königin Charlotte von Großbritannien an Herzog Friedrich Christian II. 1785, 1796

164 Briefe des Landgrafen Karl von Hessen-Kassel an Herzog Friedrich Christian II. 1790-1813

165 Briefe des Landgrafen Friedrich von Hessen-Kassel an Herzog Friedrich Christian II. 1809-1812

166 Briefe des Landgrafen und Kurfürsten Wilhelm von Hessen-Kassel und seiner Frau Caroline an Herzog Friedrich Christian II. 1796-1800

167 Briefe der Landgräfin Louise von Hessen-Kassel an Herzog Friedrich Christian II. 1788-1810

168 Briefe der Herzogin Dorothea von Kurland an Herzog Friedrich Christian II. 1796-1800

169 Briefe des Fürsten Leopold von Lippe-Detmold an Herzog Friedrich Christian II. 1796-1800

170 Briefe der Fürstin Pauline von Lippe-Detmold an Herzog Friedrich Christian II. 1790-1812

171 Brief der Herzogin Luise von Mecklenburg-Schwerin an Herzog Friedrich Christian II. zur Geburt seiner Tochter Caroline Amalie 1796

172 Briefwechsel zwischen Fürst Friedrich Wilhelm von Nassau-Weilburg und Herzog Friedrich Christian II. 1788-1801

173 Briefe des Herzogs Wilhelm von Oldenburg an Herzog Friedrich Christian II. 1798-1813

174 Briefwechsel zwischen dem Prinzen Peter von Oldenburg und Herzog Friedrich Christian II. 1794-1798, 1804-1814

175 Brief des Fürsten Heinrich XLIII. von Reuß ältere Linie zur Übertragung der Reichsfürstenwürde an Herzog Friedrich Christian II. 1806

176 Brief des Fürsten Heinrich XIII. von Reuß zu Greiz an Herzog Friedrich Christian II. mit der Bitte um eine Kirchenkollekte wegen des Stadtbrandes in Greiz 1802

177 Glückwunschbrief des Zaren Paul I. von Russland an Herzog Friedrich Christian II. zur Geburt seines Sohnes Christian August 1798

178 Brief des Herzogs Franz von Sachsen-Coburg-Saalfeld an Herzog Friedrich Christian II. über den Zustand der Staats- und Finanzverwaltung 1805

179 Briefwechsel zwischen Prinz August von Sachsen-Gotha und Herzog Friedrich Christian II. 1793-1802

180 Brief des Prinzen Karl von Schwarzburg-Sondershausen an Herzog Friedrich Christian II. mit Anzeige seiner Heirat 1811

181 Gratulationsbriefe der Königin Sophie Magdalene von Schweden an Herzog Friedrich Christian II. zur Geburt seiner Kinder 1796-1800

182 Gratulationschreiben König Gustavs IV. von Schweden an Herzog Friedrich Christian II. zur Geburt seines Sohnes Christian August 1798

183 Briefwechsel zwischen König Karl XIII. von Schweden und Herzog Friedrich Christian II. 1810-1813

184 Briefe des Grafen Christian von Stollberg an Herzog Friedrich Christian II. 1794-1811

185 Briefe der Gräfin Luise von Stollberg an Herzog Friedrich Christian II. 1796-1813

186 Briefe des Herzogs Wilhelm und der Herzogin Wilhelmine von Württemberg an Herzog Friedrich Christian II. 1800-1811

187 Brief des Herzogs Friedrich Christian II. an Unbekannt, Brief vermutlich der Prinzessin Charlotte an Herzog Friedrich Christian II. 1786, 1806

188 Mitteilungs-, Gratulations- und Kondolenzschreiben 1792-1816

Briefwechsel mit Privatpersonen

189 Briefe des Hofrats Joh. Andresen und Herzog Friedrich Christian II. 1803-1810

190 Briefe des Herzogs Friedrich Christian II. an Hofrat Andresen [1800-1814]

191 Brief der Herzogin Louise Augusta und Friedrich Mattiesens an Hofrat Andresen 1806-1814 (1873)

Enthält auch: Schreiben von Ida Andresen, Enkelin des Hofrats, an Herzog Friedrich zur Abgabe von dessen Briefen, 1873

192 Briefe des Dichters Jens Baggesen an Herzog Friedrich Christian II. 1790-1806

Enthält u. a.: Ode „Die neue Begeisterung" an den Herzog, 1800

193 Briefwechsel zwischen dem Staatsminister Graf Andreas Peter von Bernstorff und Herzog Friedrich Christian II. 1788-1797 (1802)

194 Briefwechsel zwischen dem Staatsminister Graf Christian von Bernstorff und Herzog Friedrich Christian II. 1798-1811

195 Briefe des Grafen Joachim von Bernstorff an Herzog Friedrich Christian II. 1803-1809

196 Briefe des Geheimen Konferenzrats und Oberpräsidenten von Altona Konrad Daniel von Blücher an Herzog Friedrich Christian II. 1809-1813

197 Briefe des Staatsministers und Präsidenten der dänischen Kanzlei Christian von Brandt an Herzog Friedrich Christian II. 1789-1800

198 Briefe des Oberkammerjunkers Peter von Buchwald an Herzog Friedrich Christian II. 1789-1814

199 Briefe des Stiftsamtmanns Friedrich von Buchwald in Odense an Herzog Friedrich Christian II. 1795-1808

200 Briefe des Kammerherrn Hugo von Buchwald auf Fresenburg an Herzog Friedrich Christian II. 1798-1804

201 Briefe eines unbekannten Mitgliedes der Familie von Buchwald an Herzog Friedrich Christian II. 1803, 1806

202 Briefe des Historikers Prof. Laurids Engelstoft an Herzog Friedrich Christian II. 1799-1811

Enthält u. a.: Manuskript einer Vorlesung „Noget om Fremmede isaer de Danske Studeringer i Paris i 12. og 13. Aarhundrede“, 1802

203 Briefe des Historikers Prof. Laurids Engelstoft an Herzog Friedrich Christian II. 1811-1813

204 Briefwechsel zwischen dem Hofprediger Christian Jessen und Herzog Friedrich Christian II. 1789-1812

205 Briefe des Polizeimeisters Emil Jessen an den Herzog Friedrich Christian II. 1805, 1809-1813

Enthält vor allem: Mitteilungen über politische und militärische Ereignisse

206 Briefe des Stiftsamtmanns des Amtes Aggerhus und späteren Präsidenten der dänischen Kanzlei Friedrich Julius von Kaas an Herzog Friedrich Christian II. 1800-1807

207 Briefe von Leopold Friedrich von Kaas an den Herzog Friedrich Christian II. 1805

208 Briefe von Dr. med. Christian Erhard Kopp in Leipzig an Herzog Friedrich Christian II. 1790-1801

209 Briefe des Konferenzrats und Bankkaufmanns J. D. Lawätz in Altona an Herzog Friedrich Christian II. 1791-1813

210 Briefwechsel zwischen Konferenzrat Owe Malling und Herzog Friedrich Christian II. 1802-1813

211 Briefe des Rektors der Universität in Kopenhagen Prof. Daniel Gotthilf Moldenhauer an Herzog Friedrich Christian II. 1798-1814

212 Briefe des Präsidenten der Deutschen Kanzlei Johann Sigismund von Mösting an Herzog Friedrich Christian II. 1794-1813

213 Briefe des Bischofs von Seeland Prof. Friedrich Münter an Herzog Friedrich Christian II. 1792-1812

214 Briefe der Familie von Normann an Herzog Friedrich Christian II. 1788-1813

215 Briefwechsel zwischen Professor Knud Lyhne Rahbek und Herzog Friedrich Christian II. 1792-1807

216 Brief der Dichterin Charlotte Elisabeth von der Recke an Herzog Friedrich Christian II. 1790-1803

217 Briefe des Legationsrats Johann Friedrich Alexander Schiffmann an den Prinzen Friedrich Christian II. 1780, 1790-1794

Enthält auch: Brief des Prinzen Friedrich Carl Emil (Aemil) an Schiffmann, 1780

218 Briefe des Legationsrats Johann Friedrich Alexander Schiffmann an Herzog Friedrich Christian II. (1758, 1771) 1795-1805

Enthält auch: Diplom der Deutschen Gesellschaft zu Helmstedt für Schiffmann, 1758; Abschrift von Briefen Schiffmanns an den Hofprediger Jessen, 1771

219 Briefe des Staatsministers Graf Ernst von Schimmelmann und seiner Frau Charlotte an Herzog Friedrich Christian II. 1788-1804

220 Briefe des Herzogs Friedrich Christian II. an Staatsminister Graf Ernst von Schimmelmann und seine Frau Charlotte 1789-1813

221 Briefe des Staatsministers Graf Ernst von Schimmelmann und seiner Frau Charlotte an Herzog Friedrich Christian II. 1806-1810

222 Briefe des Leibarztes Dr. Karl Ferdinand Suadicani an Herzog Friedrich Christian II. 1794-1814

223 Briefwechsel zwischen Hofrat Adam Weishaupt in Gotha und Herzog Friedrich Christian II. 1793-1813

224 Briefe von Privatpersonen an Herzog Friedrich Christian II.: A 1786-1813

225 Briefe von Privatpersonen an Herzog Friedrich Christian II.: Ba 1793-1810

Enthält: Rektor Prof. Jacob Baden, Helsingør; Schriftstellerin Charlotte Baden, Kopenhagen; Prof. Törkel Baden, Kopenhagen; Historiker und Jurist Gustav Ludwig Baden

226 Briefe von Privatpersonen an Herzog Friedrich Christian II.: Ba-Bl 1788-1812

227 Briefe von Privatpersonen an Herzog Friedrich Christian II.: Bo-Bu 1788-1812

228 Briefe von Privatpersonen an Herzog Friedrich Christian II.: C 1792-1813

229 Briefe von Privatpersonen an Herzog Friedrich Christian II.: Grafen und Gräfinnen von Danneskiold-Laurvig, Danneskiold-Samsøe und Danneskiold-Löwendal 1792-1812

230 Briefe von Privatpersonen an Herzog Friedrich Christian II.: D 1788-1813

231 Briefe von Privatpersonen an Herzog Friedrich Christian II.: E 1788-1812

232 Briefe von Privatpersonen an Herzog Friedrich Christian II.: F 1784-1813

Enthält auch: Brief eines Feddersen aus Braunschweig an den Hofprediger Jessen, 1784

233 Briefe von Privatpersonen an Herzog Friedrich Christian II.: G
1784-1813

234 Briefe von Privatpersonen an Herzog Friedrich Christian II.: Ha
1787-1811

235 Briefe von Privatpersonen an Herzog Friedrich Christian II.: He
Enthält u. a.: Johann Gottfried Herder, 1791 1784-1813

236 Briefe von Privatpersonen an Herzog Friedrich Christian II.: Hi-Hu
1787-1812

237 Briefe von Privatpersonen an Herzog Friedrich Christian II.: J
1787-1809 (1833-1834)
Enthält auch: Briefe über den Obergerichtsrat Johann Friedrich Jessen in Altona, 1833-1834

238 Briefe von Privatpersonen an Herzog Friedrich Christian II.: K
Enthält u. a.: Friedrich Gottlieb Klopstock, 1791 1786-1814

239 Briefe von Privatpersonen an Herzog Friedrich Christian II.: La
1786-1811

240 Briefe von Privatpersonen an Herzog Friedrich Christian II.: Le-Li
1787-1812

241 Briefe von Privatpersonen an Herzog Friedrich Christian II.: Lo-Lu
1787-1812

242 Briefe von Privatpersonen an Herzog Friedrich Christian II.: Ma
1784-1810

243 Briefe von Privatpersonen an Herzog Friedrich Christian II.: Me
1795-1812

244 Briefe von Privatpersonen an Herzog Friedrich Christian II.: Mi-Mol
1787-1812

245 Briefe von Privatpersonen an Herzog Friedrich Christian II.: Moltke
1790-1811

246 Briefe von Privatpersonen an Herzog Friedrich Christian II.: Mo-Mu
1788-1809

247 Briefe von Privatpersonen an Herzog Friedrich Christian II.: N
1789-1810

248 Briefe von Privatpersonen an Herzog Friedrich Christian II.: O
1787-1813

Darin: zwei Druckschriften Philip Ludvig Olufsholms über die Schrift „Sur le système continental et sur ses rapports avec la Suède", 1813

249 Briefe von Privatpersonen an Herzog Friedrich Christian II.: Pa-Pechlin
1788-1813

250 Briefe von Privatpersonen an Herzog Friedrich Christian II.: Percin-Plat
1787-1813

251 Briefe von Privatpersonen an Herzog Friedrich Christian II.: Professor Ernst Platner
1791-1810

Enthält u. a.: Briefwechsel besonders mit Platner in Leipzig wegen der Berufung des Oberkonsistorialrats K. August Böttiger in Weimar zum Direktor des geplanten philosophischen Seminars in Kopenhagen

252 Briefe von Privatpersonen an Herzog Friedrich Christian II.: Ple-Q
1788-1812

Enthält u. a.: Liste der in der Arbeitsschule in Slagelse unterrichteten Kinder, 1800

253 Briefe von Privatpersonen an Herzog Friedrich Christian II.: Ra-Rei/Rey
1787-1811

254 Briefe von Privatpersonen an Herzog Friedrich Christian II.: Rev-Rü
1789-1813

255 Briefe von Privatpersonen an Herzog Friedrich Christian II.: Sa
1795-1810

256 Briefe von Privatpersonen an Herzog Friedrich Christian II.: Scha-Schn
1786-1812 (1843-1925)

Enthält: Schreiben zu den verschwundenen Briefen des Dichters Friedrich Schiller

257 Briefe von Privatpersonen an Herzog Friedrich Christian II.: Scho-Schu
1788-1814

258 Briefe von Privatpersonen an Herzog Friedrich Christian II.: Se-Sv
1786-1813

259 Briefe von Privatpersonen an Herzog Friedrich Christian II.: T
(1773-1788) 1791-1813

260 Briefe von Privatpersonen an Herzog Friedrich Christian II.: U-V
1787-1813

261 Briefe von Privatpersonen an Herzog Friedrich Christian II.: W
(1784-) 1787-1812

Enthält u. a.: Briefwechsel zwischen dem Herzog und Professor Platner über Professor Fr. A. Wolf in Halle

Darin: Jacob Nicolai Wilse: „Entwurf eines allgemein europäischen Malerischen Normal- und Vergleichungs-Calenders", 1795; Grundriss des Rittersitzes Lethraborg bei Roskilde, 1784; Plan der Gegend um Christiania, ohne Jahr

262 Briefe von Privatpersonen an Herzog Friedrich Christian II.: Oberst Freiherr von Zach in Gotha und Gustav von Zülow in Neustadt
1794-1814

Enthält auch: Briefe verschiedener Personen ohne oder mit unleserlicher Unterschrift sowie Briefe des Herzogs an verschiedene unbekannte Personen

263 Brief der Herzogin Louise Augusta an Hofrat Herren in Göttingen zum Studiumsbeginn ihres Sohnes Friedrich Emil August, Brief des Prinzen Friedrich Christian II. an einen Kammerrat zu geschenkten Festungsmodellen mit einigen Zeilen des Lehrers Schiffmann
1777, 1821

264 Briefe von und an Herzog Friedrich Christian II. 1780-1814

Enthält: Abschriften von Hans Schulz um 1910-1913

Tätigkeit im dänischen Staatsdienst

265 Notizbuch über zur Beförderung im Staatsdienst geeignete Personen und Aufsatz über Einrichtung einer Speciesbank in den Herzogtümern
1786

266 Verhandlungen der Oberkriegskommission oder des Staatsrats
1785-1787

267 Verhandlungen der Oberkriegskommission oder des Staatsrates
1787-1788

268 Verfahren gegen den General E. Numsen wegen Unordnungen im Kassenwesen 1786-1788

269 Merkzettel und geschäftliche Tagebuchnotizen 1787, 1794-1795

270 Zoll- und Steuerwesen und andere volkswirtschaftliche Angelegenheiten 1786-1810

271 Erlass eines Gesetzes gegen Missbrauch der Pressefreiheit 1797-1799

272 Brieftagebuch des Patrons der Universität Kopenhagen 1794-1803

273 Vorstellungsprotokoll der Universität Kopenhagen 1794-1795

274 Zwei unbeschriebene Bände zur Kommission für die Universität und die gelehrten Schulen ca. 1800

275 Brieftagebuch zu Schul- und Universitätssachen 1799-1803

276 Kopiebuch der Verwaltung der Universität Kopenhagen 1794-1797

277 Kopiebuch der Verwaltung der Universität Kopenhagen 1797-1800

278 Kopiebuch der Verwaltung der Universität Kopenhagen 1800-1801

279 Kopiebuch der Verwaltung der Universität Kopenhagen 1801-1802

280 Kopiebuch der Verwaltung der Universität Kopenhagen 1802-1803

281 Kopiebuch der Verwaltung der Universität Kopenhagen 1802-1803

282 Kopiebuch der Verwaltung der Universität Kopenhagen 1803-1804

283 Kopiebuch der Verwaltung der Universität Kopenhagen 1804-1805

284 Kopiebuch der Verwaltung der Universität Kopenhagen 1805

285 Kopiebuch der Verwaltung der Universität Kopenhagen 1805

286 Verzeichnis der Registratur und des Archivs der Kommission für die Universität und die gelehrten Schulen 1796-1805

287 Verzeichnis des Universitätsarchivs 1796-1797

288 Universität 1787-1806

289 Universität und Schule 1788-1805

290 Universität und Schule 1805-1808
Enthält u. a.: Examen artium; Generaltabelle über Eigentum, Einnahmen und Ausgaben dänischer und norwegischer Schulen; Aufstellung der öffentlichen Stiftungen an der Universität in Kopenhagen; Lektionstabellen dänischer und norwegischer Schulen; Personalverzeichnis dänischer und norwegischer Schulen; Verzeichnis der Universitätsakten

291 Universität und Schule 1789-1809
Enthält u. a.: Stellungnahme zum Entwurf einer allgemeinen Schulordnung; Reformplan der Schulen

292 Universität und Schule 1788-1810
Enthält u. a.: Vorlesungen 1800-1803

293 Universität und Schule 1789-1808
Enthält vor allem: Reform der Universität Kopenhagen
Darin: gedruckte Verordnung über das Examen artium, 1805

294 Pläne zur Neueinrichtung des Schulwesens in Dänemark und Entwurf einer Verordnung für die Landschulen 1793-1803

295 Einrichtung des Kirchen-, Schul- und Studienwesens 1800-1808

296 Universität und Schule 1795-1805
Enthält u. a.: Auszüge aus den Bedenken der Rektoren; Schulordnung für Tondern; Vorbereitungsexamen für den Universitätsbesuch

297 Universität und Schule 1788-1813
Enthält u. a.: Aufsatz des Herzogs Friedrich Christian II. zur Geschichte der Schulkommission

298 Direktion für die Universitäten und gelehrten Schulen 1806-1808

299 Direktion für die Universitäten und gelehrten Schulen 1808-1810

300 Direktion für die Universitäten und gelehrten Schulen: Briefe von Mitgliedern an Herzog Friedrich Christian II. 1806-1810

301 Gelehrte Schulen in Dänemark und Norwegen um 1796-1804

302 Botanischer Garten und Königliche Bibliothek in Kopenhagen 1802-1809

Wissenschaftliche Tätigkeit

303 Schularbeiten, Aufsätze, Gedichte und Sonstiges aus den Kinder- und Jugendjahren des Herzogs Friedrich Christian II. um 1780-1785 (1792-1793)
Enthält auch: Neujahrswünsche des Prinzen Friedrich Karl Emil, 1792 und 1793

304 Schularbeiten, Aufsätze, Gedichte und anderes aus den Kinder- und Jugendjahren des Herzogs Friedrich Christian II. 1769-1794
Darin: „Ecloge", 1769; „Ode an die Zurückkunft des Königs" von J. F. A. Schiffmann, 1769; Lied für den Prinzen Friedrich Christian, 1783

305 Aufsätze und Betrachtungen (Selbstcharakteristik), Auszüge und eigene Studien zur Geschichte, Sprachforschung, Pädagogik, Staatswissenschaft, Politik und anderen Themen, Predigten und Gedichte [1790-1812]

306 Aufsätze, Auszüge und Notizen über Statistik sowie Land- und Volkswirtschaft [1790-1805]
Enthält u. a.: Ökonomische Beschreibung des Amtes Kolding von 1769 bis 1786

307 Aufsätze, Auszüge und Notizen über Philosophie, Geschichte, Staatsrecht und Sprachwissenschaft ohne Jahr

308 Juristisches Kollegienheft in lateinischer Sprache ohne Jahr

309 Abschriften und Auszüge zur Zeitgeschichte 1787-1797

310 Abschriften und Auszüge zur Zeitgeschichte 1800-1801

311 Abschriften und Auszüge zur Zeitgeschichte 1786-1813

312 „Gazettes manuscrité envoyée au Comte de Bernstorff par le Comte de Schmettau" 1787-1788

313 Dänischsprachige Schriftstücke zur Politik und zum dänischen Strafgesetz 1796-ca. 1800

314 Übernahme der Regierung Norwegens durch Prinz Christian Friedrich von Dänemark 1814

315 Diplome über die Aufnahme Herzog Friedrich Christians II. in die Schleswig-Holsteinische Patriotische Gesellschaft, die Kongelige Norske Videnskabers Selskab und die Kongelige Københavnske Skyde Selskab 1784, 1789, 1812

316 Auszug aus dem Protokoll der Generalversammlung der Freimaurerorden in Wilhelmsbad 1782 ohne Jahr

317 Gedichtsammlung ohne Jahr

Vermögensverwaltung

1693 Listen über geschossenes und an die Küche geliefertes Wild 1764-1811

2050 Kontobuch des Herzogs Friedrich Christian II. 1767

1969 Einnahmen und Ausgaben des Kellers 1794

318 Briefprotokoll für die Geschäftsbriefe nach Augustenburg und Gravenstein 1797-1799

319 Briefprotokoll für die Geschäftsbriefe nach Augustenburg und Gravenstein 1800-1804

320 Briefprotokoll für die Geschäftsbriefe nach Augustenburg und Gravenstein 1805-1813

321 Register zu den Protokollen über Angelegenheiten zu Augustenburg und Gravenstein 1800-1804

322 Register zum Dekretenprotokoll von Augustenburg und Gravenstein 1805-1813

323	Register zu den Protokollen über Angelegenheiten zu Augustenburg und Gravenstein	ohne Jahr
324	Auszüge aus dem Lagebuch der Amtsgeschäfte in Gravenstein	1792
325	Zu den Briefkopiebüchern gehörige Schreiben	1808-1809
326	Verwaltungsberichte über Augustenburg und Gravenstein	1794
327	Verwaltungsberichte über Augustenburg und Gravenstein	1795
328	Verwaltungsberichte über Augustenburg und Gravenstein	1796
329	Verwaltungsberichte über Augustenburg und Gravenstein	1797
330	Verwaltungsberichte über Augustenburg und Gravenstein	1798
331	Verwaltungsberichte über Augustenburg und Gravenstein	1799
332	Verwaltungsberichte über Augustenburg und Gravenstein	1800
333	Verwaltungsberichte über Augustenburg und Gravenstein	1801
334	Verwaltungsberichte über Augustenburg und Gravenstein	1802
335	Verwaltungsberichte über Augustenburg und Gravenstein	1803
336	Verwaltungsberichte über Augustenburg und Gravenstein	1804
337	Verwaltungsberichte über Augustenburg und Gravenstein	1805
338	Verwaltungsberichte über Augustenburg und Gravenstein	1806
339	Verwaltungsberichte über Augustenburg und Gravenstein	1807
340	Verwaltungsberichte über Augustenburg und Gravenstein	1808
341	Verwaltungsberichte über Augustenburg und Gravenstein	1809
342	Verwaltungsberichte über Augustenburg und Gravenstein	Januar-September 1811

343 Verwaltungsberichte über Augustenburg und Gravenstein Januar-September 1811

344 Verwaltungsberichte über Augustenburg und Gravenstein September-Dezember 1811

345 Verwaltungsberichte über Augustenburg und Gravenstein 1812

346 Verwaltungsberichte über Augustenburg und Gravenstein 1813

347 Verwaltungsberichte über Augustenburg und Gravenstein 1814

348 Geschäftsbriefe zur Gutsverwaltung, besonders in Augustenburg und Gravenstein 1788-1791

349 Geschäftsbriefe zur Gutsverwaltung, besonders in Augustenburg und Gravenstein 1792-1795

350 Geschäftsbriefe zur Gutsverwaltung, besonders in Augustenburg und Gravenstein 1796-1800

351 Geschäftsbriefe zur Gutsverwaltung, besonders in Augustenburg und Gravenstein 1801-1804

352 Geschäftsbriefe zur Gutsverwaltung, besonders in Augustenburg und Gravenstein 1805-1807

353 Geschäftsbriefe zur Gutsverwaltung, besonders in Augustenburg und Gravenstein 1808-1810

354 Von Herzog Friedrich Christian II. ausgestellte und eingelöste Obligationen 1799-1801, 1810-1811

355 Schulden-Arrangement 1805-1806

356 Anleihe auf das Fideikommiss 1810

357 Gründung und Verwaltung des Pensionsfonds und dadurch entstandene Streitigkeiten zwischen Herzog Christian August und der Herzoginwitwe Louise Augusta 1801-1802, 1816-1834

358 Regulierung der Kassen- und Rechnungssachen in Augustenburg 1807

359 Ziegelei Fisnis 1805-1815

360 Bankrechnung Gravenstein 1800-1804

361 Schulde- und Kirchenkorn 1802-1812

362 Armeneinrichtung in Augustenburg und Gravenstein 1800-1808
Enthält u. a.: Liste über die Armen in den Kirchspielen Gravenstein und Atzbüll, 1805

363 Unterstützungs- und Anleihekasse in Augustenburg 1810-1816

364 Holz- und Jagdvergehen 1813-1814

365 Einstellung, Reglements und Diensteinkünfte der Beamten 1794, 1806-1813

366 Untersuchung gegen den Hofrat Hinrichsen in Gravenstein 1799
Enthält u. a.: Verzeichnis der Bohlsleute des Dorfes Baurup

367 Oberinspektorat in Augustenburg und Gravenstein 1800-1807
Darin: Grundriss des Hauses des Hofrats Hinrichsen, 1807

368 Kassierer Fischer in Augustenburg 1806-1812

369 Nachlassregulierung: Gärtnerwitwe Maria Sophia Schnittger in Augustenburg 1797-1799

370 Nachlassregulierung: Frau des Kammerschreibers Unverzagt in Augustenburg 1795-1797

371 Nachlassregulierung: Eheleute Christian August und Maria Elisabeth Meyer in Augustenburg 1775, 1792-1798
Darin: Rechnungsbuch Christian August Meyers, 1792-1794

372 Nachlassregulierung: Kellermeister Matthias Asmussen in Augustenburg 1799-1801

373 Nachlassregulierung: Leibhusar Georg Pierrot in Augustenburg 1801

374 Nachlassregulierung: Stallmeister Johann Andreas Grotrian in Augustenburg 1803-1804
Darin: Kontrabuch zwischen Grotrian und Friedrich Biehl, Sonderburg

375 Nachlassregulierung: Hegereiter Johann Heinrich Thiele in Augustenburg (1792-) 1805

376 Nachlassregulierung: Kammerdiener Moritz Jahn in Augustenburg (1773-) 1809-1810

377 Hauptbuch (Kassenjournal) 1800-1802

378 Kassenjournal 1803-1806

379 Rechnungen und Quittungen, Auslieferungsbuch für Wein, Raffinade, Tee und Licht, Kirchenrechnungen, Reiserechnungen 1780-1811

380 Lehnsqualität und Lehnsbriefe des Rittergutes Schönweide (1675-1766) 1798

590 Listen über die Verteilung von Trinkgeldern auf Augustenburg 1799-1812

591 Rechnungen des Gutes Petersholm bei Vejle 1799-1801

592 Korn- und Geldrechnung des Gutes Aarup (1786) 1793-1797

Prinz Christian August und die schwedische Thronfolge

381 Militärische Schriftstücke des Prinzen Christian August 1783, 1792-1807

Enthält u. a.: Liste der Resultate des Probeschießens der dänischen Artillerie 1773-1783; Notizbuch mit Abschriften von Regimentsbefehlen, 1797-1798; Kommissionsrolle der Leibkompanie des Fünischen Infanterie-Regiments

Darin: farbige Zeichnungen von Schlachtenmanövern; Auszüge aus einer militärtopografischen Karte von Westfalen

382 Militärische Quittungen 1803-1806

383 Militärische Aufsätze des Prinzen Christian August [1800-1806]

Enthält: Maximen zur Wissenschaft des Krieges; Om Forposterne [Über Vorposten]; Beschreibung der Truppen bei Übernahme des Kommandos durch Prinz Christian August 1804

384 Militärische Rapporte des Prinzen Christian August 1807-1809

385 Briefe des Prinzen Christian August an Herzog Friedrich Christian II. und Prinzessin Louise Christine Caroline 1804-1809

386 Briefe des Kronprinzen von Schweden Christian August an Herzog Friedrich Christian II. 1809-1810

387 Briefe des Königs Friedrich VI. von Dänemark an Prinz Christian August 1803-1807

388 Briefe des Erbprinzen Friedrich von Hessen-Homburg an Prinz Christian August 1800-1801

389 Brief des Landgrafen Karl von Hessen an Prinz Christian August mit Bitte um Übersendung von Details zur Küstenverteidigung in Norwegen 1805

390 Briefwechsel zwischen Prinz Christian August und einer Therese in Gengenbach und Freiburg im Breisgau 1800-1804

391 Brief des Prinzen Christian August an einen unbekannten Grafen mit Mitteilung des Todes Herzogs Friedrich Christian I. 1794

392 Brief des Prinzen Christian August an Johann Friedrich Alexander Schiffmann mit Dank für dessen Neujahrswünsche 1794

393 Schwedische „Revolution“ und Wahl des Prinzen Christian August zum Kronprinzen von Schweden 1809-1810 (1814-1815)

Enthält u. a.: Brief und Befehle des Königs Friedrich VI. von Dänemark an Prinz Christian August; Briefe an Herzog Friedrich Christian II. und an Prinzessin Louise Christina Caroline

394 Briefe des Prinzen Christian August an Herzog Friedrich Christian II. zur Rechtfertigung seines Betragens 1809

Enthält: Abschriften des Herzogs Friedrich Christian II.

395 Tod des Kronprinzen Christian August von Schweden 1810

Darin: Joh. Lundblad, „Panegyricus Divo Carolo Augusto [...]“; gedruckter Text zur Trauermusik

396 Briefwechsel zwischen Herzog Friedrich Christian II. und dem Adjutanten des Kronprinzen von Schweden Oberstleutnant Holst 1810-1812

397 Briefwechsel zwischen Herzog Friedrich Christian II. und Expeditionssekretär Kullberg 1810-1814

398 Schriften aus dem Nachlass des Prinzen Christian August 1808-1810

Enthält u. a.: Gesetz zur Stellung des Königs sowie der Reichsstände in Schweden; Auszug aus dem schwedischen Haushalt; Abschriften der Friedensverträge zwischen Schweden, Russland und Dänemark, 1809

399 Schriftstücke aus dem Nachlass des schwedischen Kronprinzen 1809-1810

400 Einladung an die Schweden zur Vereinigung mit Dänemark 1810

401 Wahl des Herzogs Friedrich Christian II. zum Thronfolger in Schweden und sein Ausscheiden aus dem dänischen Staatsdienst 1809-1811

Enthält u. a.: Briefwechsel mit König Friedrich VI. von Dänemark; eigenhändiger Aufsatz des Herzogs über seine Wahl zum Thronfolger

402 Entgegnung des Generalmajors Holst auf die Schrift des Generalmajors de Seves „Leventslöb og Tids Historie" 1812

403 Briefwechsel zwischen Hofrat Bahrt und dem Besitzer des Eisenwerks Nas in Norwegen Jakob Aall senior über die Thronfolge des Prinzen Christian August in Schweden 1842-1845

404 Rechnungen zum Haushalt des Prinzen Christian August 1798-1803

405 Rechnungen zum Haushalt des Prinzen Christian August 1801-1809

406 Regulierung der Hinterlassenschaft des Prinzen Christian August (1809) 1810-1812, 1829

Enthält u. a.: Abfindung des Prinzen Friedrich Karl Emil, 1829
Darin: Rechnungsbuch des Prinzen mit Einnahmen und Ausgaben von 1783 bis 1800

407 Regulierung der Hinterlassenschaft des Prinzen Christian August 1786-1828

Enthält u. a.: Rechnungen über die vom Prinzen eingenommenen und ausgezahlten Gelder, 1799-1810

408 Nachlass des Prinzen Christian August (1822) 1824-1858

Darin: „Berlingske politiske og Avertissements-Tidende" vom 19. Juli 1845

HERZOG CHRISTIAN AUGUST (1798-1869)

Allgemeines

2060 Druckschriften 1817-1839

Enthält: „Galerie berühmter Personen älterer und neuerer Zeit, 1817; Sammlung von Stichen; „Veredelung der Pferdezucht mit allen“ mit Zeichnungen und Skizzen vom Gestüt Herzog Christian Augusts; „Œuvres choisi de Gavarni“

409 Entwurf einer Biografie des Herzogs Christian August von Herzog Friedrich 1875

410 Nachruf auf Herzog Christian August für die „Kieler Zeitung“ März 1869

2029 Listen über italienische Bekannte und italienische Briefe 1819-1820

411 Artikel zum Tode des Herzogs Christian August im „Itzehoer Wochenblatt“ vom 16. März 1869 1869

412 Nachruf und Lebenslauf der Herzogin Louise Sophie 1867

413 Aufnahme der Prinzen Christian August und Friedrich Emil August in den Johanniterorden 1802

414 Verleihung des Danebrogordens an Herzog Christian August (1808-) 1815

415 Reisepass für den Prinzen Friedrich Emil August Mai 1817

416 Ernennung des Herzogs Christian August zum dänischen Oberstleutnant und Generalmajor 1814-1815, 1825

417 Studien des Herzogs Christian August in Genf: Mitschriften und Notizen 1817-1818

418 Reisepässe und Reisepapiere 1818-1823

419 Reiseerinnerungen 1818-1820

Enthält u. a.: Einladungen; Visitenkarten; Zuschriften

Darin: Täfelchen mit Namen und Bleistiftpoträts italienischer Frauen und Männer; Notizbuch mit Stift; Haarlocken unbekannter Herkunft

420 Neue königliche Bewilligungen und Erklärungen (1774) 1822-1846

Enthält u. a.: Abschrift des Schreibens des Herzogs Friedrich Karl von Schleswig-Holstein-Sonderburg-Glücksburg zur Erbfolge in den Grafschaften Oldenburg und Delmenhorst, 1774; Anwartschaft auf ein frei werdendes Lauenburger Lehnsgut; Schuldenreglement für die Landschulen im augustenburgischen Distrikt auf Alsen; Errichtung einer Propstei auf Alsen; Schenkung von Schloss Glücksburg; Entschädigung für den Verlust von Zollfreiheiten; Steuerverhältnisse der herzoglichen Güter auf Alsen; Ernennung der Prinzen Friedrich und Christian zu Oberstleutnanten à la suite

421 Wissenschaftliche Vereine 1819-1839

Enthält: Grand-Croix de la Langue de France; Schleswig-Holsteinische Gesellschaft für Vaterländische Geschichte; Unterstützungsverein für Künstler und Handwerker in Sonderburg; Danske Videnskabs Selskab

422 Ernennung des Herzogs Christian August zum preußischen Generalleutnant und sein Ausscheiden aus der preußischen Armee 1855-1866

423 Verleihung des Erinnerungszeichens für die Feldzüge 1848/49 und der Dienstauszeichnung für dreißigjährige Dienste an Herzog Christian August 1850

424 Stiche, Zeichnungen, Porträts ohne Jahr

Enthält u. a: Ansicht der Stadt Schleswig von 1849; Mode; Trachten; Jagdszenen; Möbel

425 Protokoll über die Verhandlungen zum Wettstreit der Köche des Herzogs Christian August und des Prinzen Friedrich Emil August, Vision des Bootsführers Arp über die herzogliche Familie 1827, 1838

426 Theater- und Konzertzettel 1839-1857

Darin: Gesangtexte der Oper „Die Capuleti und Montecchi"; Druckschrift zum Theaterstück „Une femme qui se jette par la fenêtre" von E. Scribe und G. Lemoine, 1848

427 Gelegenheitsgedichte und Gelegenheitslieder zu verschiedenen Festen und Feierlichkeiten 1806-1857

428 Geistliche Gedichte und Lieder ohne Jahr

429 Theaterstücke und Gedichte ohne Jahr

430 Grußadressen 1821, 1840
Enthält u. a.: Grußadresse der Bewohner Gravensteins (mit Unterschriften) zur Geburt des Prinzen Alexander, 1821

431 Drucksachen, Fremdenliste, Aufenthalt der herzoglichen Familie in Kopenhagen und Sonstiges 1794-1834
Darin: zahlreiche getrocknete Blumen

432 Ernennung des Herzogs Christian August zum preußischen General der Kavallerie 1861

Familienangelegenheiten

433 Vereinbarung zwischen Herzog Christian August und der Herzogin Louise Augusta über die Wittumsleistungen (1780-) 1816

434 Ehevertrag zwischen Prinz Christian Friedrich von Dänemark und Prinzessin Caroline Amalie sowie deren Erklärung auf Erbschaftsansprüche 1815

435 Heirat des Herzogs Christian August mit der Gräfin Louise Sophie Danneskiold-Samsøe (1817) 1820

436 Gedruckte Gesänge zur Hochzeit des Prinzen Friedrich Emil August mit der Gräfin Henriette von Danneskiold-Samsøe 1829

437 Gratulationen, Festgesänge und Presseberichte zur Silbernen Hochzeit des Herzogs Christian August und der Herzogin Louise Sophie 1845

438 Tod der Prinzessin Henriette 1858
Enthält vor allem: Kondolenzschreiben

439 Tod der Prinzessin Sophie 1861

440 Tod der Herzogin Louise Sophie 1867

441 Tod des Herzogs Christian August 1869

Darin: „Jagd-Zeitung“ vom 15. Juni 1869; „Allgemeine Zeitung“ vom 15. März 1869

442 Testamente der Herzogin Charlotte Amalie Wilhelmine, Testament der Prinzessin Charlotte Amalie von Schleswig-Holstein-Sonderburg-Plön, Versicherungsakte für Prinzessin Louise Christine Caroline von ihren Brüdern, Abschrift des Testaments des Herzogs Friedrich Christian II. 1769-1813

443 Erbmasse der Prinzessin Louise Christine Caroline: Schlussregulierung mit Beilagen, Verschiedenes (1793-) 1815-1819

Enthält u. a.: Abschrift des Testamentes der Prinzessin

444 Erbmasse der Prinzessin Louise Christine Caroline: Kündigung und Auszahlung der Erbmassekapitalien 1853-1861

445 Erbmasse der Prinzessin Louise Christine Caroline: Rechnungsangelegenheiten und Rechnungen sowie Auslieferung von Dokumenten 1848-1861

446 Regelung der Vermögensverhältnisse des Prinzen Friedrich Karl Emil sowie Nachlässe des Prinzen Christian August und der Prinzessin Louise Christine Caroline 1819-1841

447 Leibrente für Prinzessin Caroline Amalie, Herzog Christian August und Prinz Friedrich Emil August aus einer Versicherung der Leibrentegesellschaft 1801-1870

448 Legat des Herzogs Ferdinand Leopold von Schleswig-Holstein-Sonderburg, Domdechant in Breslau, für katholische Verwandte (1693) 1843-1844

449 Brief von Karl Samwer zur Dotierung des Prinzen Christian Karl August anlässlich seiner Heirat mit Prinzessin Helene Augusta Victorie von Großbritannien 1866

Briefwechsel

Briefwechsel mit Mitgliedern des Hauses Schleswig-Holstein

450 Briefwechsel zwischen Herzogin Louise Augusta und Herzog Christian August 1804-1842

451 Briefe der Königin Caroline Amalie von Dänemark an Herzogin Louise Augusta [1838-1843]

452 Briefe der Gräfin Louise Sophie von Danneskiold-Samsøe an Herzog Christian August 1817-1820

453 Briefe der Herzogin Louise Sophie an Herzog Christian August 1820-1829

454 Briefe der Herzogin Louise Sophie an Herzog Christian August 1829-1835

455 Briefe der Herzogin Louise Sophie an Herzog Christian August 1836-1838

456 Briefe der Herzogin Louise Sophie an Herzog Christian August 1839-1842

457 Briefe der Herzogin Louise Sophie an Herzog Christian August
Enthält auch: undatierte Briefe 1843-1854

458 Briefe der Herzogin Louise Sophie an Herzog Christian August 1829-1845

459 Briefe der Herzogin Louise Sophie an Herzog Christian August 1846-1847

460 Briefe der Herzogin Louise Sophie an Herzog Christian August 1848

461 Briefe der Herzogin Louise Sophie an Herzog Christian August 1849

462 Briefe der Herzogin Louise Sophie an Herzog Christian August 1850
Darin: „Deutsche Reichszeitung“ vom 19. Juli 1850

463 Briefe der Herzogin Louise Sophie an Herzog Christian August 1851-1853

464 Briefe der Herzogin Louise Sophie an Herzog Christian August
1854-1858

465 Briefe der Herzogin Louise Sophie an Herzog Christian August
1859-1865

2056 Briefe der Herzogin Louise Sophie an Herzog Christian August
ohne Jahr

1797 Briefe der Herzogin Louise Sophie an Prinzessin Henriette (von Noer)
1853-1858

466 Briefe des Herzogs Christian August an Herzogin Louise Sophie
1817-1825

467 Briefe des Herzogs Christian August an Herzogin Louise Sophie
1826-1833

468 Briefe des Herzogs Christian August an Herzogin Louise Sophie
1834-1839

469 Briefe des Herzogs Christian August an Herzogin Louise Sophie
1840-1842

470 Briefe des Herzogs Christian August an Herzogin Louise Sophie
1843-1846

471 Briefe des Herzogs Christian August an Herzogin Louise Sophie
1847-1849

472 Briefe des Herzogs Christian August an Herzogin Louise Sophie
1850

473 Briefe des Herzogs Christian August an Herzogin Louise Sophie
1851-1853

474 Briefe des Herzogs Christian August an Herzogin Louise Sophie
1854-1855

475 Briefe des Herzogs Christian August an Herzogin Louise Sophie
Enthält auch: undatierte Briefe und Fragmente
1856-1858, 1862

476 Briefe der Herzogin Louise Augusta an Herzogin Louise Sophie 1840-1842

2067 Briefe des Herzogs Christian August an seine Kinder 1838-1854

477 Briefe des Prinzen Friedrich Emil August (von Noer) an Herzog Christian August 1819-1829

478 Briefe des Prinzen Friedrich Emil August (von Noer) an Herzog Christian August 1830-1832

479 Briefe des Prinzen Friedrich Emil August (von Noer) an Herzog Christian August 1833-1839

480 Briefe des Prinzen Friedrich Emil August (von Noer) an Herzog Christian August 1840-1846

481 Briefe des Prinzen Friedrich Emil August (von Noer) an Herzog Christian August 1847-1864

482 Briefe des Herzogs Christian August an Prinz Friedrich Emil August (von Noer) 1829-1864

483 Briefe der Kinder des Prinzen Friedrich Emil August (von Noer), Prinz Friedrich August und Prinzessin Louise, an Herzog Christian August 1863-1865

484 Briefe der Prinzessin Charlotte an Herzog Christian August 1817-1849

485 Briefe der Königin Caroline Amalie von Dänemark an Herzog Christian August 1816-1869

486 Briefe der Königin Caroline Amalie von Dänemark an Herzogin Louise Sophie 1825-1858

487 Briefe der Königin Caroline Amalie von Dänemark an ihre Neffen und Nichten 1845-1856

488 Brief der Königin Caroline Amalie von Dänemark an Prinz Friedrich Emil August (von Noer) sowie Briefe des Prinzen an Prinzessin Caroline Amalie 1816-[nach 1829]

489 Briefe der Prinzessinen Louise Augusta, Caroline Amalie, Henriette sowie des Prinzen Christian Karl August und seiner Frau Helene Augusta Victorie an Herzogin Louise Sophie 1846-1867

490 Briefe der Prinzessinnen Louise Augusta und Henriette sowie des Prinzen Christian Karl August und seiner Frau Helene Augusta Victorie an Herzog Christian August 1842, 1861-1867

491 Briefe des Prinzen Christian Karl August an Herzogin Louise Sophie 1846-1858

492 Briefe der Prinzessinen Caroline Amalie, des Prinzen Christian Karl August, der Prinzessin Louise Augusta, der Herzogin Louise Sophie, des Herzogs Christian August und des Erbpinzen Friedrich an Prinzessin Henriette 1843-1856

493 Briefwechsel zwischen Prinzessin Henriette (von Noer) und Herzogin Louise Sophie 1831-1858

494 Brief des Prinzen Friedrich Emil August (von Noer) und des Prinzen Friedrich August (von Noer) an Herzogin Louise Sophie 1834, 1851

495 Briefe von Mitgliedern der Familie Danneskiold-Samsøe an Herzogin Louise Sophie 1836-1859

496 Briefe des Grafen von Danneskiold-Samsøe an Herzog Christian August 1831-1846

497 Briefe von Mitgliedern der Familie Danneskiold-Samsøe an Herzog Christian August 1817-1846

498 Briefe von Mitgliedern der Familie Danneskiold-Samsøe an Herzog Christian August [1820-1847]

499 Briefe der Prinzessin Louise Christine Caroline an Prinz Christian August 1804

500 Briefe des Prinzen Friedrich Karl Emil an Herzog Christian August und Herzogin Louise Sophie 1814-1841

501 Briefe der Prinzessinen Louise und Sophie an Herzog Christian August 1824

502 Briefe des Prinzen Woldemar an Herzog Christian August 1843-1853, 1865

503 Briefe des Herzogs Christian August an Prinz Woldemar 1844-1850
Enthält auch: Brief des Prinzen Friedrich Emil August (von Noer) an Prinz Woldemar, 1848

504 Briefe des Prinzen Woldemar sowie der Prinzessinen Charlotte, Pauline, Sophie und Amalie an Herzogin Louise Sophie 1840-1853

505 Briefe des Prinzen Emil an Herzog Christian August 1821-1842
Enthält auch: Brief an den Prinzen von seiner Mutter

506 Briefe des Prinzen Erich an Herzog Christian August 1840, 1843

507 Brief einer Freundin Charlotte in Detmold an Prinz Christian August zu dessen Geburtstag 1810

508 Briefe der Herzöge von Schleswig-Holstein-Sonderburg-Beck an Herzog Christian August 1816-1824

509 Briefe des Herzogs Karl von Schleswig-Holstein-Sonderburg-Glücksburg an Herzog Christian August 1825-1836, 1846-1849

510 Briefe des Herzogs Friedrich, der Herzogin Adelheid und der Prinzessin Louise von Schleswig-Holstein-Sonderburg-Glücksburg an Herzog Christian August und Herzogin Louise Sophie 1838-1847

511 Brief der Marie von Lasperg geborene Prinzessin zu Schleswig-Holstein-Sonderburg-Glücksburg an Herzog Christian August mit der Mitteilung des Heiratsantrages des Grafen Alfred von Hohenthal 1846

512 Briefe des Prinzen Friedrich Emil August (von Noer) an Prinzessin Amalie 1845-1847

513 Briefe der Prinzessin Louise Augusta und der Herzogin Louise Sophie an Prinzessin Henriette 1847-1855

514 Briefe von Verwandten an Herzog Christian August und Herzogin Louise Sophie 1825-1846, 1869

Briefwechsel mit Mitgliedern anderer fürstlicher Häuser

515 Briefwechsel zwischen König Friedrich VI. von Dänemark und Herzog Christian August 1819-1839

516 Briefwechsel zwischen Königin Marie von Dänemark und Herzog Christian August 1824-1831

517 Briefwechsel zwischen Kronprinz Christian von Dänemark und Herzog Christian August 1817-1830

518 Briefwechsel zwischen König Christian VIII. von Dänemark und Herzog Christian August 1831-1846

519 Briefe des Königs Christian VIII. von Dänemark an Herzogin Louise Sophie 1838-1846

520 Briefe des Kronprinzen Friedrich von Dänemark an Herzog Christian August 1821, 1830-1831, 1841

521 Briefe der Kronprinzessin Wilhelmine von Dänemark an Herzog Christian August und Herzogin Louise Sophie 1826-1843

522 Briefe der Prinzessin Caroline von Dänemark an Herzog Christian August und Herzogin Louise Sophie 1826-1848

523 Briefe des Prinzen Friedrich Ferdinand von Dänemark an Herzog Christian August 1816-1834

524 Briefe der Prinzessin Juliane und einer ungenannten Prinzessin von Dänemark an Herzog Christian August und Herzogin Louise Sophie 1817, 1823, 1848

525 Briefe der Großherzogin Sophie von Baden an Herzog Christian August 1843-1849

526 Briefe der Prinzessin Marie von Baden an Prinzessin Henriette 1851-1852

527 Briefwechsel zwischen König Leopold von Belgien und Herzog Christian August 1844, 1846

528 Briefe des Herzogs Wilhelm von Braunschweig an Herzog Christian August 1848, 1851

529 Briefe der Herzogin Caroline von Braunschweig-Bevern an Herzog Christian August 1816-1824

530 Briefwechsel zwischen König Ernst August von Hannover und Herzog Christian August 1845-1850

531 Briefe des Landgrafen Karl von Hessen an Herzog Christian August 1817-1833

532 Briefe des Landgrafen Friedrich von Hessen an Herzog Christian August 1838-1845

533 Brief der Landgräfin Charlotte von Hessen an Herzog Christian August 1819

534 Briefe der Großherzöge Paul und Friedrich Franz II. von Mecklenburg-Schwerin an Herzog Christian August 1841, 1845-1849

535 Brief des Herzogs Adolph von Nassau an Herzog Christian August 1849

536 Briefwechsel zwischen König Friedrich Wilhelm IV. von Preußen und Herzog Christian August 1844-1849, 1857
Enthält auch: Brief des Adjutanten des Königs mit Benachrichtigung über dessen Reise nach Primkenau

537 Briefwechsel der Prinzen Friedrich und Wilhelm von Preußen mit Herzog Christian August 1848-1861

538 Briefwechsel zwischen Zar Nikolaus I. von Russland und Herzog Christian August 1833-1843

539 Briefwechsel zwischen Herzog Ernst II. von Sachsen-Coburg und Gotha und Herzog Christian August 1850-1851, 1857, 1864

540 Brief des Königs Wilhelm von Württemberg an Herzog Christian August mit Dank für die Übersendung einer Schrift zur schleswig-holsteinischen Erbfolgefrage 1845

541 Brief der Herzogin Dorothea von Sagan an Herzog Christian August mit Genesungswünschen 1853

542 Briefwechsel zwischen Prinz Bernhard von Solms-Braunfels und Herzog Christian August 1844-1849

543 Brief des Königs Friedrich August von Sachsen an Herzog Christian August mit Dank über die Entsendung einer Schrift zur schleswig-holsteinischen Erbfolgefrage 1843

544 Brief vermutlich des Kronprinzen Oskar von Schweden und eines Julius an Herzog Christian August sowie Briefe des Herzogs an ungenannte Fürsten und Fürstinnen 1822, 1857 und ohne Jahr

545 Briefe der Herzogin Friederike von Anhalt-Dessau und ihrer Tochter Prinzessin Agnes an Herzog Christian August und Herzogin Louise Sophie 1823-1850

Enthält auch: Brief des Herzogs Leopold von Anhalt-Dessau an den Herzog, 1831

546 Briefe von Fürsten und Fürstinnen an Herzog Christian August und Herzogin Louise Sophie 1841-1864

Enthält: Königin Viktoria von Großbritannien; Fürstin Feodora von Mecklenburg-Langenburg; Großherzogin Alexandrine von Mecklenburg-Schwerin; Herzogin Pauline von Nassau und Prinz Karl von Preußen; Herzogin Alexandrine von Sachsen-Coburg-Gotha; Großherzogin Marie von Sachsen-Weimar; Prinzessinnen Auguste und Charlotte von Schwarzburg; Herzogin Mathilde und vermutlich Theodolinda von Württemberg; Prinz Alexander von Croy

547 Mitteilungs-, Gratulations- und Kondolenzschreiben an Herzog Christian August 1815-1829

548 Mitteilungs-, Gratulations- und Kondolenzschreiben an Herzog Christian August 1830-1848

549 Heirats- und Geburtsanzeigen an Herzog Christian August und Herzog Friedrich 1851-1879

550 Antworten des englischen Außenministers auf Anzeigen von Familienereignissen in der herzoglichen Familie 1821-1843

Briefwechsel mit Privatpersonen

551 Briefe von Privatpersonen an Herzog Christian August: A 1816-1864

552 Briefe von Privatpersonen an Herzog Christian August: Friedrich Back, Hamburg, und C. Baggesen, Kiel, Sohn des Dichters Jens Baggesen 1826, 1840

553 Briefe von Privatpersonen an Herzog Christian August: Hofrat Bahrt
Enthält u. a.: Briefe aus der Gefangenschaft, 1848 1820-1854

554 Briefe von Privatpersonen an Herzog Christian August: Banner-Blome 1816-1864

555 Briefe von Privatpersonen an Herzog Christian August: Graf Konrad von Blücher-Altona, Oberpräsident von Altona, und Graf Gustav von Blücher-Altona, Hofchef um 1810-1844

556 Briefe von Privatpersonen an Herzog Christian August: Bo-Bu und verschiedene unter B 1816-1849

557 Briefe von Privatpersonen an Herzog Christian August: C 1816-1849

558 Briefe von Privatpersonen an Herzog Christian August: D 1817-1847

559 Briefe von Privatpersonen an Herzog Christian August: E 1816-1865

560 Briefe von Privatpersonen an Herzog Christian August: F 1817-1864

561 Briefe von Privatpersonen an Herzog Christian August: G 1815-1864

562 Briefe von Privatpersonen an Herzog Christian August: Ha-Hi 1807-1866

563 Briefe von Privatpersonen an Herzog Christian August: Professor Peder Hjort, Sorö 1819-1848
Enthält auch: Entwürfe von Briefen des Herzogs Christian August an Hjort
Darin: „Berlingske politiske og Avertissements-Tidende“ vom 2. März 1848; „Sorø Amtstidende eller Den Vest-Sjællandske Avis“ vom 1.-23. Februar 1847; Druckschrift „Der Thron-Wechsel 1848. Ertrag für ein Asyl bestimmt“, Kopenhagen 1848

564 Briefe von Privatpersonen an Herzog Christian August: Ho 1818-1869

565 Briefe von Privatpersonen an Herzog Christian August: J 1816-1869

566 Briefe von Privatpersonen an Herzog Christian August: K 1816-1854

567 Briefe von Privatpersonen an Herzog Christian August: Mitglieder der Familie von Krogh 1816-1851

568 Briefe von Privatpersonen an Herzog Christian August: L 1807-1864

569 Briefe von Privatpersonen an Herzog Christian August: M 1812-1868

570 Briefe von Privatpersonen an Herzog Christian August: N und O 1818-1847, 1864

Enthält auch: Briefe des Herzogs an den Hofstallmeister Baron von Ohlen

571 Briefe von Privatpersonen an Herzog Christian August: P 1806-1863

572 Briefe von Privatpersonen an Herzog Christian August: Ra-Rei 1819-1861

573 Briefe von Privatpersonen an Herzog Christian August: Grafen und Gräfinnen von Reventlow und von Reventlow-Criminil 1820-1863

574 Briefe von Privatpersonen an Herzog Christian August: Rie-Ru 1819-1860

575 Briefe von Privatpersonen an Herzog Christian August: Sa-Sei 1816-1867

Darin: Erinnerungskreuz „Andenken an den Gottillion (oder Cottillion)"

576 Briefe von Privatpersonen an Herzog Christian August: Se-Sw 1816-1867

578 Briefe von Privatpersonen an Herzog Christian August: U und V 1807-1850

577 Briefe von Privatpersonen an Herzog Christian August: T 1817-1851

579 Briefe von Privatpersonen an Herzog Christian August: W 1819-1853
Enthält auch: Briefe des Herzogs an den Herausgeber der Zeitschrift für Pferdeliebhaber Major von Wachenhusen, Altona, 1829-1834

580 Briefe von Privatpersonen an Herzog Christian August: C. Zeuthen und Rudolph Zeysing 1819-1863
Enthält auch: anonyme Briefe und Schreiben mit undeutlicher Unterschrift sowie Briefe des Herzogs an Ungenannte

581 Schreiben, insbesondere Bittschriften, an Herzog Christian August und Herzogin Louise Sophie 1816-1838

582 Schreiben, insbesondere Bittschriften, an Herzog Christian August während seines Aufenthalts in Genf 1817-1818

583 Briefe von Privatpersonen an Herzogin Louise Sophie: B-La 1823-1864

584 Briefe von Privatpersonen an Herzogin Louise Sophie: Lo-T 1838-1863

585 Briefe von Privatpersonen an Herzogin Louise Sophie 1820-1864

586 Briefe von Herzogin Louise Sophie 1824-1863

587 Briefe von Privatpersonen an Prinzessin Henriette: B-F 1848-1856

588 Briefe von Privatpersonen an Prinzessin Henriette: Fr-W 1846-1856
Enthält auch: Visiten- und Tanzkarten

589 Briefe an Prinzessin Caroline Amalie 1850-1857

Politische Tätigkeit

1748 Abschrift des Aufsatzes „Dänemark und Deutschland“ aus dem „Londoner Athenäum“ 1845

593 Politische Schriften 1840-1846 und ohne Jahr

594 Politische Schriften: Broschüre Uwe Jens Lornsens, Wahlen zur Ständeversammlung, Verhandlungen der Ständeversammlung, verschiedene politische Schriften (1815-) 1830-1847
Enthält u. a: Jagddistrikte in dänischen Ämtern

595 Politische Schriften: Abschriften von politischen und staatswirtschaftlichen Aufsätzen 1823-1833
Darin: mehrere Zeitungsausgaben

596 Politische Schriften: Über die Erbfolge in den Herzogtümern
Enthält u. a.: Gutachten von Cartheuser, 1833 1833-1839

597 Politische Schriften: Erwiderung auf einen Aufsatz im „Itzehoer Wochenblatt" Nr. 35 über Zollprivilegien [1836]

598 Politische Schriften: Erwiderung auf einen Aufsatz im „Correspondenz-Blatt" Nr. 74 über Zollprivilegien 1836

599 Politische Schriften: Entwurf zur Bestätigung von Zollprivilegien 1839

600 Politische Schriften: Bemerkungen zur Zollfreiheit unter Berücksichtigung der Verträge mit Russland 1839

601 Politische Schriften: Änderung des Steuer- und Zollwesens 1836-1838

602 Erbfolgerechte des Hauses Schleswig-Holstein-Sonderburg-Augustenburg und Ernennung des Prinzen Friedrich Emil August (von Noer) zum Statthalter (1836-) 1842-1843
Darin: verschiedene Druckschriften zur Erbfolgefrage

603 Rang der Mitglieder des holsteinischen Hauses am dänischen Hof (1766) 1840

604 Staatsgrundgesetz von Hannover 1838

605 Verhandlungen der Ständeversammlung des Herzogtums Schleswig 1838

606 Verhandlungen der Ständeversammlung des Herzogtums Schleswig (1837-) 1840 (1842)
Darin: „Eckernförder Wochenblatt" vom 12. Oktober 1842; Schutzschrift des Ober- und Landgerichtsadvokaten Dr. Gülich für den Literaten Hansen, Eckernförde, 1840

607 Spracherlass vom 14. Mai 1840 (1838) 1840-1844
Darin: „Københavnsposten“ vom 20. Juli 1838

608 Verhandlungen der Ständeversammlung des Herzogtums Schleswig (1806-) 1842

609 Verordnungen zur Organisation der dänischen Armee 1842

610 Verhandlungen der Ständeversammlung des Herzogtums Schleswig (1841-) 1844
Enthält auch: Papiere der Versammlungen 1841-1842

611 Briefwechsel zwischen Jasper, Samwer, Baron von Dieskau und anderen mit dem Hofchef von Cossel in Augustenburg 1843-1846

612 Politische Aufsätze, Zeitungsartikel und andere Schriften des Herzogs Christian August [1830]

613 Politische Aufsätze, Zeitungsartikel und andere Schriften des Herzogs Christian August 1835-1839
Darin: verschiedene Zeitungsauschnitte

2037 Briefe des Herzogs Christian August an den Redakteur der „Københavnsposten“ 1839

614 Politische Aufsätze, Zeitungsartikel und andere Schriften des Herzogs Christian August 1840

615 Politische Aufsätze, Zeitungsartikel und andere Schriften des Herzogs Christian August 1840

2039 Reden des Kooginspektors Carstens auf dem Volksfest der Nordfriesen und des Präsidenten des Schleswig-Holsteinisch-Lauenburgischen allgemeinen Advokatenvereins auf der Generalversammlung in Flensburg 1844-1845

616 Politische Aufsätze, Zeitungsartikel und andere Schriften des Herzogs Christian August 1841-1847
Enthält: Pressesachen
Enthält u. a.: Aufstellung der Honorare des Herzogs für Presseartikel

617 Politische Aufsätze, Zeitungsartikel und andere Schriften des Herzogs Christian August 1842

2040 Bericht über das Fest in Haddeby zu Ehren des Obergerichtsadvokaten Löck und des Landinspektors Tiedemann 1843

618 Politische Aufsätze, Zeitungsartikel und andere Schriften des Herzogs Christian August 1843

619 Politische Aufsätze, Zeitungsartikel und andere Schriften des Herzogs Christian August 1844

620 Politische Aufsätze, Zeitungsartikel und andere Schriften des Herzogs Christian August 1844
Enthält: Briefwechsel mit Pastor Brag wegen der Veröffentlichung eingesandter Artikel

621 Politische Aufsätze, Zeitungsartikel und andere Schriften des Herzogs Christian August 1845

622 Politische Aufsätze, Zeitungsartikel und andere Schriften des Herzogs Christian August 1846

623 Zeitungsartikel über die Erbfolgefrage und andere politische Angelegenheiten 1843-1845

624 Rede des Kandidaten Frederik Barfod und von ihm angefertigte Stammtafel des Prinzen Friedrich 1845-1846

625 Dänische Zeitungsartikel zum Tod Peter Hjorts und eine vom Herzog verfasste Charakterisitik 1845

626 Zeitungsartikel über die allgemeine Wehrpflicht, das Jagdrecht und die Jagd auf Alsen und Sundewitt 1846

627 Verhandlungen der Ständeversammlung des Herzogtums Schleswig 1846

628 Reaktionen auf den „Offenen Brief" König Christians VIII. von Dänemark zur Erfolgefrage (1844-) 1846-1847

629 Rechtsverwahrung der Provinzialstände des Herzogtums Schleswig in der Erbfolgefrage 1846

630 Briefe Karl Samwers an Herzog Christian August 1844-1861
Darin: „Weser-Zeitung" vom 9. Oktober 1844

2035 Bericht über die Abgeordnetenwahl auf Alsen 1847

2036 Geldsammlung für den Obergerichtsadvokaten Beseler 1847

2038 Abschrift der Petition der Fortwährenden Deputation der Schleswig-Holsteinischen Prälaten und Ritterschaft an König Christian VIII. von Dänemark als Antwort auf den „Offenen Brief“ 1847

631 Politische Schriften und Drucksachen 1848

632 Entzug des Elefantenordens durch die dänische Regierung und Protest des Herzogs Christian August 1848-1856

633 Von Prinz Friedrich und Christian Karl August verlangter Militäreid als dänische Oberstleutnante 1848

634 Erbfolge der Grafen von Bentinck 1848

635 Politische Schriftstücke und Drucksachen 1849

636 Berichte über die Untersuchung zur Frage, ob Herzog Christian August vom dänischen König als vogelfrei erklärt worden ist 1849

637 Politische Schriftstücke und Drucksachen 1850

638 Politische Schriftstücke und Drucksachen 1851

639 Aufsatz des Herzogs Christian August über den dritten dänischen Krieg [nach 1851]

640 Niederschriften des Herzogs Christian August zur Geschichte der Jahre 1848-1849 1848-1849

641 Politische Korrespondenz, insbesondere über die Abtretung der herzoglichen Güter an Dänemark 1852-1853

642 Politische Korrespondenz, insbesondere über die Abtretung der herzoglichen Güter an Dänemark 1852-1853

643 Korrespondenz über den Protest gegen die dänische Erbfolge 1853
Darin: „Preußische Zeitung“ vom 22. April 1853; „Berlingske politiske og Advertissements-Tidende“ vom 2. April 1853

644 Geheime Denkschrift zum Berliner Frieden 1850

2047 Militärische Denkschriften, Notizen und Briefentwürfe des Herzogs Christian August 1849-1852
Enthält u. a.: Abschrift einer Denkschrift des Generals Bonin an den preußischen Kriegsminister Generalmajor von Strotha, 1849

645 Londoner Protokoll vom 8. Mai 1852 (Abschrift) 1852

646 Aufsatz des Herzogs Christian August über die Anträge der letzten Ständeversammlung im Herzogtum Holstein 1859
Darin: Druckfassung „Einige Worte über den Antrag der holsteinischen Ständeversammlung in Betreff der Gesamtstaatsverfassung“, Weimar 1859

647 Politische Aufsätze des Herzogs Christian August zur schleswig-holsteinischen Frage 1855-1866

648 Der bekehrte Pastor Hansen aus Simonsfeld, später Viöl 1854-1857
Enthält: Briefe des Pastors an den Herzog; Anklage gegen Pastor Hansen wegen unwahrer und gehässiger Beschuldigungen; Manuskript „Das Königreich Dänemark und das Herzogthum Schleswig im Oktober 1857“ von Pastor Hansen; Schreiben an das Komitee der Britischen Bibelgesellschaft

649 Entwurf des Aufsatzes „Der Sundzoll“ 1855
Darin: „Frankfurter Postzeitung“ vom 8. und 10. November 1855

650 Vergütung der in den Kriegsjahren geleisteten Fuhren 1854-1855

651 Aufsatz „Die skandinavische Union zwischen Schweden, Norwegen und Dänemark“ 1856
Abgedruckt in: „Der Grenzbote“ Nr. 15, 1856

652 Protest des Herzogs Christian August gegen die Aberkennung des Elefantenordens (Abschrift) 1856

653 Brief des Grafen von Reventlow-Starzeddel an Herzog Christian August über die Vorgänge in der holsteinischen Ständeversammlung und im dänischen Reichsrat sowie die Antwort des Herzogs 1856

654 Denkschrift des Herzogs Christian August an einen General J. über die skandinavische Union 1857

655 Denkschrift des Herzogs Christian August an die Generale J. und M. über die skandinavische Union 1857

656 Denkschrift des Herzogs Christian August über die Verfassungsangelegenheiten im Herzogtum Holstein 1857

657 Denkschrift des Herzogs Christian August über die politischen Verhältnisse 1859 1859

658 Denkschrift des Herzogs Christian August über die politische Lage Deutschlands im Juni 1859 mit Schreiben an den preußischen Kriegsminister von Bonin 1859

659 Denkschrift des Herzogs Christian August an Usedom über das Herzogtum Schleswig 1860

660 Denkschrift des Herzogs Christian August über die skandinavische Union mit Schreiben an den preußischen Ministerpräsidenten Fürst von Hohenzollern [1861]

661 Entwurf zur Broschüre „Die deutsch-dänische und skandinavische Frage" 1861

662 Denkschrift des Herzogs Christian August über Nordschleswig 1860

663 Gründung einer neuen politischen Partei 1862

664 Wahlangelegenheiten in Preußen 1862
Enthält u. a.: Briefe des Erbprinzen Friedrich

665 Aufsätze und Bemerkungen des Herzogs Christian August zur dänischen Note vom 5. Januar 1863, zur historischen Entwicklung der Erbfolgeverhältnisse in den Herzogtümern Schleswig und Holstein sowie zur dänischen Antwort auf den Bundesbeschluss vom 9. Juli 1863 (1862) 1863
Darin: „Norddeutsche Allgemeine Zeitung" vom 25. Januar 1863; mehrere Exemplare des „Altonaer Mercur", November 1862-Januar 1863

666 Schriftstücke aus dem Nachlass des Obersten du Plat über die „vormärzlichen" Offiziere 1848-1862

667 Schrift zur Geschichte der Schleswig-Holsteinischen Armee 1851
Enthält u. a.: Rangliste der Offiziere; Verzeichnis der ausgetretenen oder verstorbenen Offiziere; Verzeichnis der deutschen Fürsten, die am Krieg teilgenommen haben

668 Schriftstücke der Jahre 1848-1850 aus den Papieren der Herzogin Louise Sophie 1848-1850

669 Denkschriften „Das Haus Oldenburg und die dänische Erbfolge“ und „Der angebliche Verzicht von Herzog Christian August“, Memorandum, Gedicht „Der sterbende schleswig-holsteinische Ajax“ von Ernst Moritz Arndt [1853-1868]

670 Verhandlungen in Berlin über die Entschädigung des Herzogs Christian August durch Dänemark 1852-1853, 1868

671 Briefwechsel zwischen Herzog Christian August und Rudolf Schleiden zur preußischen Deutschlandpolitik 1867
Darin: „Staats- und gelehrte Zeitung des Hamburgischen unpartheiischen Correspondenten“ vom 9. Februar und 26. April 1867

672 Briefwechsel zwischen Herzog Christian August und Niebuhr anlässlich der Berufung des Herzogs in die erste preußische Kammer 1854-1855

673 Chronologische Zusammenstellung der Ereignisse, Verhandlungen und Rechtsurkunden zu den dänisch-deutschen Verwicklungen von 803 bis 1863 1863

674 An den Grafen von Baudissin gesandte Bemerkungen des Herzogs Christian August über den schleswig-holsteinischen Krieg 1848-1851 1862

675 Briefwechsel zwischen Herzog Christian August und Graf von Baudissin über eine Schrift zu den Ereignissen 1848-1850 1861

Kriegsarchiv

Archiv des Generalkommandos

Systematik und Protokolle

1962 Systematik des Archivs des Generalkommandos 1848-1851

676 Extrakt-Protokoll über eingegangene Order und Briefe Januar-März 1848

677 Protokoll über ausgegangene Schreiben des Generalkommandos August-Oktober 1848

Befehle

678 Armeebefehle 1848-1849

679 Armeebefehle Januar-März 1850

680 Armeebefehle März-August 1850

681 Armeebefehle September-Dezember 1850

682 Armeebefehle September-Dezember 1850

683 Armeebefehle Januar-März 1851

684 Armeebefehle März-November 1851

685 Generalkommandobefehle Dezember 1851-März 1852

686 Korpsbefehle 1848

687 Korpsbefehle 1849

688 Korpsbefehle Dezember 1849-März 1850

689 Korpsbefehle März-September 1850

690 Abschriften und Auszüge aus den Armee-, Korps- und Brigadebefehlen 1849-1850

691 Registrant zu den Korpsbefehlen 1848-1851

692 Registrant zu den Generalkommandobefehlen: Auflösung des Generalkommandos März-November 1851

Ausrüstung und Bewaffnung

693 Orderbuch über ein- und ausgelieferte Waffen
Juli 1848-September 1850

694 Verzeichnis des Materials des holstein-lauenburgischen Truppenkontingents 1858

695 Bekleidung, Bewaffnung und Ausrüstung 1848-1851

696 Übersicht der für außerordentliche Rüstung verbrauchten Geldsumme 1850

697 Waffen, Bekleidung und sonstige Ausrüstung im Besitz einzelner Truppenteile 1851-1852

698 Lager bei Rendsburg 1850

699 Feldequipage und Trainkompanie 1849-1851

700 Feldequipage und Trainkompanie 1848-1851

701 Armeetrain 1848-1850

702 Verzeichnis der Fuhrwerke Juni-Juli 1849

Marine und Küstenverteidigung

703 Bewaffnung und Besatzung der Befestigungen und Küstenbatterien 1848-1851

704 Bewaffnung und Besatzung der Befestigungen und Küstenbatterien 1848-1851

705 Ausrüstung, Bewaffnung und Entwaffnung der Küstenbatterien 1848-1851

706 Pläne von Küstenbatterien 1848-1851

707 Marineangelegenheiten 1848-1852
Enthält u. a.: Gutachten über den Brandtaucher von Wilhelm Bauer

708 Seekadettenschule 1848-1850
Darin: Zeichnungen über die Befestigung von Gerätschaften an einem Geschütz

709 Verhandlungen der Nationalversammlung über Gründung einer deutschen Marine 1848
Darin: zahlreiche Druckschriften

Mobilmachung

710 Mobilmachung der Infanterie 1849

711 Mobilmachung der Kavallerie 1849

712 Mobilmachung der Artillerie 1849

713 Mobilmachung der Ingenieure 1849

714 Formation der Reserve-Brigade nach Abschluss des Waffenstillstandes im Herbst 1849 1849-1850

715 Mobilmachung 1850

716 Demobilisierung 1851

717 Errichtung von Depot-Schwadronen für die Kavallerie 1850

718 Monatliche taktische Meldungen an das Generalkommando 1850-1851

Personal

2046 Namensverzeichnis der Offiziere der Infanterie-Bataillone und Jägerkorps [1848-1850]

719 Beförderung und Anstellung von Offizieren 1848-1850
Enthält u. a.: Verzeichnisse der in der Schleswig-Holsteinischen Armee dienenden preußischen Offiziere, die in ihre Truppenteile zurückkehren sollen

720 Abgang des Generals von Bonin und der preußischen Offiziere, Übernahme des Oberbefehls durch General von Willisen 1850

721 Auswechselung der Reserve und Anstellung von Offizieren, die früher in der dänischen Armee gedient haben 1849

722 Personalsachen der Offiziere 1848-1849

723 Stammblätter der Offiziere Februar-April 1849
Enthält u. a.: Anciennitätsliste der Kavallerie-Brigade

724 Stammblätter der Auditeure März 1850

725 Stammblätter der Offiziere der 1. Infanterie-Brigade (Offiziersstand Ende 1850) 1849-1850

726 Stammblätter der Offiziere der 2. Infanterie-Brigade (Offiziersstand Ende 1850) 1849-1850

727 Stammblätter der Offiziere der 3. Infanterie-Brigade (Offiziersstand Ende 1850) 1849-1850

728 Stammblätter der Offiziere der Jäger-Inspektion (Offiziersstand Ende 1850) 1849-1851

729 Stammblätter der Offiziere der Artillerie-Brigade (Offiziersstand Ende 1850) 1849-1850

730 Stammblätter der Offiziere der Kavallerie-Brigade (Offiziersstand Ende 1850) 1849-1850

731 Stammblätter der Offiziere des Kriegsdepartements, des Generalkommandos, der Reserve-Brigade, des Ingenieurkorps sowie der als Kommandanten fungierenden Offiziere (Offiziersstand 1851) 1849-1851

732 Stammblätter der Offiziere des Holsteinischen Bundeskontingentes 1851

733 Skizzen zu den Berichten der Offiziere über gestellte Aufgaben 1849-1851

734 Anciennitätsliste der Offiziere 1848-1850

735 Ancienniätsliste der Offiziere (1849-) 1851
Enthält auch: ältere Listen über ärztliches Personal

736 Anciennitätsliste der Offiziere 1850

Formation und Stärke

737 Formation der Armee, Aushebung und Verteilung der Rekruten 1848-1850

738 Formation der Armee, Aushebung und Verteilung der Rekruten 1850-1851

739 Formation der Armee, Aushebung und Verteilung der Rekruten
Enthält u. a.: Namensverzeichnis der freiwilligen Scharfschützer 1848-1849

740 Formation der Armee, Aushebung und Verteilung der Rekruten 1849

741 Formation der Armee, Aushebung und Verteilung der Rekruten 1849-1851

742 Berichte der Ersatz-Brigade (4. Infanterie-Brigade) über angenommene Freiwillige 1850-1851

743 Formation der Artillerie 1850

744 Hauptbestimmungen und Formulare für die Stärkeberichte 1849-1850

745 Stärkeberichte der Truppenteile 1848-1849

746 Korrespondenz über Stärkeberichte 1849-1851
Enthält u. a.: Stärkeberichte von Friedrichsort und anderen Kommandanturen, der Ersatz-Brigade und der Krankenwärterkompanie

747 Halbmonatliche Stärkeberichte der einzelnen Truppenteile April-August 1849

748 Stärkeberichte über die Fronttruppen September 1850-Februar 1851

749 Stärkeberichte der Truppenteile mit Übersichtstabellen Januar-Juni 1851

750 Stärkeberichte der Truppenteile mit Übersichtstabellen Juli-November 1851

751 Halbmonatliche Stärkeberichte für die Bundeskommissare 1851

Gefechtsberichte und Verlustlisten

752 Verlustlisten 1849-1850

753 Gefechtsberichte 1849

754 Meldungen zu Gefechten, Patrouillen und Feldwachen sowie Truppenverteilungen 1849

755 Allgemeine Gefechtsberichte von Artillerieoffizieren zum Feldzug 1849 1850

756 Gefechtsberichte der einzelnen Batterien 1849-1850

757 Verlustlisten und Gefechtsberichte der 2. Infanterie-Brigade 1850

758 Gefechtsberichte: Schlacht bei Idstedt am 24./25. Juli 1850 1850-1851

759 Gefechtsberichte: Wohlder Schanze, Stentenmühle, Damm, Milberg, Kropp, Süderstapel Juli-Dezember 1850

760 Gefechtsberichte: Missunde 1850
Darin: Karten

761 Angriff auf Friedrichstadt 1850

Reglements und Instruktionen

762 Zusammenstellung der militärischen Bestimmungen [1851]

763 Materialien zum Dienstreglement 1848-1850

764 Korrespondenz zum Dienstreglement 1850-1851

765 Reglements, Instruktionen, Formulare 1850-1851

Kavallerie und Artillerie

766 Kavallerie-Brigade 1848-1850

767 Artillerie-Brigade: Verlust und Ersatz des Materials 1850

Archiv des Kriegsdepartements

768 Sitzungsprotokoll des Kriegsdepartements Mai 1848-August 1849

769 Berichte an den Prinzen Friedrich Emil August (von Noer) 1848

770 Beschaffung von Ausrüstung und Bewaffnung 1848-1850

771 Bewaffnung der Festung Rendsburg 1850-1851
Enthält u. a.: Anschaffungen; Verträge; Verzeichnis der Geschütze

772 Beschaffung von Ausrüstung und Bewaffnung der Artillerie-Brigade 1849-1850

773 Beschaffung von Munition 1848-1850
Enthält u. a.: Liste der erforderlichen Ausrüstung einer zwölfpfündigen Batterie

774 Schießversuche mit Sprengschrapnells 1850

775 Schießversuche und Erfindungen für die Artillerie 1848-1850
Enthält u. a.: Zusammensetzung von Kommissionen; Ausarbeitung von Reglements und Instruktionen; artilleriewissenschaftliche Gutachten

776 Versuche und Prüfungen von neuen technischen Einrichtungen, Abnahmen und Prüfung von neuem Armeematerial bei der Artillerie 1849-1850

777 Schießversuche sowie Versuche mit Zündungen, Munition, Geschützen und Pulver 1849-1850

778 Erfindungen für die Artillerie 1849-1850
Darin: technische Zeichnungen; verschiedene Druckschriften mit Vorschriften für Geschützuntersuchungen

779 Übersicht über die bei Auflösung der Schleswig-Holsteinischen Armee bei der Militärverwaltung vorhandenen Waffen, Kriegsmaterial, Bekleidung, Ausrüstungsgegenständen und Munition 1851

780 Verkauf von Kriegsmaterial 1851-1852

781 Auslieferung von Kriegsmaterial der Schiffe „Christian VIII." und „Gefion" an den Deutschen Bund 1849-1851

782 Protokolle für Materialauslieferungen 1851-1852
Enthält u. a.: Inventarliste von Kanonenbooten

783 Korrespondenz des Departements des Krieges mit den Kommandanten 1848-1850

784 Militärbudget und Gehaltskompetenzen 1849-1851

785 Rechnungsablagen und Budgetnotizen aus der Vierten Abteilung des Departements des Krieges 1851-1852

786 Kassen- und Rechnungssachen 1848-1851
Enthält u. a.: Kassenbuch des 2. Infanterie-Bataillons; Bauetat; Verpflegungskommission

787 Zahlung der Beiträge für die Vermögensanleihe durch Offiziere und Mannschaften 1850-1851

789 Bürgerliches Artilleriekorps 1848-1849

790 Landsturm und Küstenbewachung 1848

791 Bestand und Formationen der Artillerie-Brigade 1848-1851
Enthält auch: Formation der gesamten Schleswig-Holsteinischen Armee, 1851

792 Zeugetat 1849-1850

793 Bestand und Formation der Schleswig-Holsteinischen Armee 1848-1851

Enthält u. a.: Einrichtung und Organisation der militärischen Verwaltungsbehörden, Protokollauszüge aus dem Staatsrat

794 Bestand und Formation der einzelnen Truppenteile 1849-1850

795 Formation der Armee Dezember 1848

796 Reorganisation des Departements des Krieges, Geschäftskreis des Departements und des Generalkommandos 1849-1851

797 Formation und Personalverzeichnisse bei den Truppenteilen und der Militärverwaltungsbehörden 1851

798 Reduzierung der Armee 1850-1852

799 Formation des holsteinischen Bundeskontingentes 1851

800 Pferdeersatz (Remontierung) sowie Zug- und Reitgeschirre, Kochkessel und andere Ausrüstungsgegenstände für die Artillerie 1849-1850

801 Verzeichnisse der Offiziere, Ärzte und Militärbeamten der Schleswig-Holsteinischen Armee 1849-1851

802 Wiederanstellung der ehemaligen schleswig-holsteinischen Offiziere und Protest des Generals von der Horst über die Aufhebung des Militärpensionsgesetzes 1850-1852

803 Stärkeberichte der einzelnen Truppenteile 1849-1851

804 Nachrichten für die Kommission des Deutschen Bundes über Stärke und Personal des Holsteinischen Bundeskontingentes Juni 1851

805 Lazarett- und Garnisonsverwaltung 1850-1851

806 Abdrücke der Dienstsiegel von Militärbeamten, verschiedene Stammblätter, Verzeichnis von in Berlin erschienenen Büchern zum Militärwesen 1848-1850

807 Militärische Ausarbeitungen 1849-1850
Enthält u. a.: Bermerkungen zur Verteidigung der Festung Rendsburg
Darin: französische Druckschriften zum Telegrafen- und Kavalleriewesen

808 Militärwesen 1848-1849
Enthält u. a.: Verfügungen; Bekanntmachungen; Rundschreiben; Lazarettverwaltung

809 Militärwesen 1849
Enthält u. a.: Rundschreiben; Manöverreglement der Artillerie; Armeeberichte

810 Militärwesen 1850
Enthält u. a.: Erlasse des Generalkommandos; Festungssachen; Meldungen über die dänische Armee; taktische Bewegung der Armee

811 Militärwesen 1851-1852
Enthält u. a.: Listen preußischer Offiizere; Truppenverteilung der 2. Infanterie-Brigade; Krankenberichte; verschiedene Listen; Konflikte zwischen schleswig-holsteinischen Offizieren und dänischen Soldaten; Ausarbeitung einer Geschichte der Schleswig-Holsteinischen Armee; Berichte über die Bewegung der österreichischen Truppen

Dänische Armee sowie Verordnungen und Gesetze

812 Organisationsplan der dänischen Armee Mai 1842

813 Dänischsprachiges Regulativ für Ausrüstung und Gepäck des Reserveparks des holstein-lauenburgischen Kontingentes 1846

814 Dänischsprachiges Regulativ für Ausrüstung und Gepäck des Belagerungsparks des holstein-lauenburgischen Kontingentes 1846

815 Akten und Papiere des dänischen Hardesvogts und Kammerjunkers von Holck und des dänischen Majors a. D. von Mecklenburg in Fredericia zur Organisation des dänischen Landsturms und der freiwilligen Stellung von Pferden (1789-) 1848
Enthält u. a.: ältere Listen über den Landsturm

819 Sammlung allgemeiner Verordnungen, Bekanntmachungen, Verfügungen und anderes 1848-1849
Enthält vor allem: Militär

820 Amtsblatt für die Herzogtümer Schleswig und Holstein 1849-1850

821 Gesetzblatt für die Herzogtümer Schleswig und Holstein 1849-1850

822 Schreiben an den Kommandeur des 1. Dragoner-Regimentes Oberstleutnant Hann von Weyhern (1833) 1848-1851

Archiv der Provisorischen und Gemeinsamen Regierung sowie der Statthalterschaft für Schleswig-Holstein 1848-1851

816 Berichte des schleswig-holsteinischen Bevollmächtigten bei der Nationalversammlung Regierungspräsident Francke an die Gemeinsame Regierung und die Statthalterschaft 1848-1849
Darin: zahlreiche gedruckte Protokolle, Beschlüsse und andere Drucksachen

823 Konstituierung und Organisation der Provisorischen Regierung, Proklamationen, Anerkennung durch den Deutschen Bundestag 1848

824 Verhandlungen mit Braunschweig, Hannover, Mecklenburg und Oldenburg wegen der beschleunigten Mobilmachung des 10. Armee-Korps 1848

825 Verhältnis Großbritanniens zur schleswig-holsteinischen Frage 1848-1849
Enthält u. a.: Schreiben von Karl Friedrich Samwer aus London an den Beauftragten bei der Zentralgewalt Francke; Schreiben Forchhammers aus London und Frankfurt am Main

826 Berichte der Zivilkommissare Hennings, Poel und Seestern-Pauly aus dem Hauptquartier 1848

827 Berichte von Rudolf von Schleiden aus Frankfurt am Main und Berlin sowie Schreiben der Provisorischen Regierung an Schleiden 1848

828 Sendung des Grafen Reventlow-Farve nach Wien, des Professors Stein nach Paris und des von Wedderkop nach Schweden 1848

829 Berichte von Droysens und Stemanns aus Frankfurt am Main 1848

830 Berichte des Bevollmächtigten Dr. Madai beim Reichsverweser in Frankfurt am Main 1848

831 Berichte von Francke aus Frankfurt am Main 1848-1849

832 Berichte von Waitz aus Berlin 1848

833 Korrespondenz mit Preußen über die Teilung des Herzogtums Schleswig 1848

834 Überlassung preußischer Offiziere an die Schleswig-Holsteinische Armee 1848

835 Rückzug der Armee aus Jütland 1848

836 Einmischung Schwedens in den Krieg 1848

837 Diplomatische Mitteilungen an die Ständeversammlung 1848

838 Waffenstillstandsverhandlungen von Malmö und Kolding 1848

839 Vertagung der Landesversammlung 1848
Enthält u. a.: Rede des Präsidenten Beseler bei Eröffnung der Landesversammlung

840 Oberkommando der Bundestruppen 1848
Enthält u. a.: Korrespondenz des Oberbefehlshabers der preußischen Truppen in Holstein General von Bonin mit dem dänischen General Hedemann

841 Mission des preußischen Bevollmächtigten Major von Wildenbruch in den Herzogtümern 1848

842 Waffenstillstand von Malmö 1848

843 Generalkommando in den Herzogtümern: Prinz Friedrich Emil August (von Noer), General von Bonin 1848-1849

844 Einsetzung der Gemeinsamen Regierung 1848

845 Flucht von Beamten aus den Herzogtümern während des Krieges und des Waffenstillstands 1848
Enthält u. a.: Verzeichnis der geflohenen Beamten und Privatpersonen
Darin: Druckschrift über die angebliche Verteibung dänischgesinnter Einwohner aus den Herzogtümern

846 Lauenburgisches Kontingent 1848-1850
Enthält u. a.: Bestrafung von zwei Jägern; ungehorsames Verhalten; Kostenerstattung

847 Empfangsbestätigungen des Rundschreibens der Gemeinamen Regierung vom 22. Oktober 1848 1848

848 Entschädigung für die von Dänemark aufgebrachten schleswig-holsteinischen Schiffe 1849-1850
Enthält u. a.: Ladungsverzeichnisse verschiedener Schiffe
Darin: „Norddeutsche Freie Presse" vom 28. Juni 1849

849 Stärke und Verteilung der schleswig-holsteinischen Truppen 1848-1850

850 Verhalten der preußischen Regierung in der schleswig-holsteinischen Angelegenheit, Abriss der Verhandlungen über die Verlängerung des Waffenstillstands, Abriss der Geschichte der Friedensverhandlungen zwischen der Reichsgewalt und Dänemark, Schreiben des Bevollmächtigten Francke an die Gemeinsame Regierung wegen des Waffenstillstands 1848-1849

851 Verhandlungen über die Ausführung des Waffenstillstands: allgemeine Übersicht über die Aktentitel 1848-1849

852 Verhandlungen über die Ausführung des Waffenstillstands: Auslieferung des Dampfschiffs „Christian VIII." 1848-1849

853 Verhandlungen über die Ausführung des Waffenstillstands: von Alsen versandter Prozess und andere Mitteilungen dänischer Erlasse 1848-1849

854 Verhandlungen über die Ausführung des Waffenstillstands: Inkraftsetzung der Gesetze 1848-1849

855 Verhandlungen über die Ausführung des Waffenstillstands: Zurückhaltung schleswig-holsteinischer Offiziere und Mannschaften in Dänemark 1848
Enthält u. a.: Stammliste der vor dem 24. März 1848 nach Dänemark beorderten und seitdem zurückgehaltenen Unteroffiziere und Mannschaften des Artillerie-Regiments

856 Verhandlungen über die Ausführung des Waffenstillstands: Erscheinen des dänischen Kriegsschiffes „Hecla“ vor Apenrade 1848

857 Verhandlungen über die Ausführung des Waffenstillstands: Verwundung des Hardesvogts Ahlmann und Durchmarsch dänischer Truppen nach Ripen 1848-1849

858 Verhandlungen über die Ausführung des Waffenstillstands: Verfahren gegen die dänischgesinnten Bürger Jochimsen und Klewing in Flensburg wegen ihres Verhaltens während der dänischen Besatzung 1848-1849

859 Verhandlungen über die Ausführung des Waffenstillstands: Ruhestörungen in Hadesleben 1848

860 Verhandlungen über die Ausführung des Waffenstillstands: Auslieferung von Alsen und Aerö 1848-1849

Enthält u. a.: dänische Beschwerden gegen die Gemeinsame Regierung

861 Verhandlungen über die Ausführung des Waffenstillstands: Festhaltung der Matrosen Kopp und Hensel in Dänemark 1848

862 Verhandlungen über die Ausführung des Waffenstillstands: Wiederherstellung der Postverbindung mit Dänemark 1848

Enthält auch: Eingriffe Schwedens in das Postregal

Darin: gedruckte Posttaxe für Porto innerhalb des Großherzogtums Mecklenburg-Schwerin

863 Verhandlungen über die Ausführung des Waffenstillstands: Auslieferung der zu bestätigenden Testamente 1848

864 Verhandlungen über die Ausführung des Waffenstillstands: Erlass der Schleswig-Holstein-Lauenburgischen Kanzlei vom 15. November 1848 und Umtriebe des Stiftsamtmannes Wilhelm Sponneck in Ripen 1848

865 Verhandlungen über die Ausführung des Waffenstillstands: Anhaltung des Schiffes „Nyord“ aus Sonderburg 1848

866 Verhandlungen über die Ausführung des Waffenstillstands: Zollverhältnisse in Dänemark 1848

Enthält nur: Mitteilung der Provisorischen Regierung an den Reichskommissar Stedmann zur Übersendung der Eingabe der Direktion des Bürger- und Gewerbevereins in Neumünster

867 Verhandlungen über die Ausführung des Waffenstillstands: Dänische Verfahren gegen schleswig-holsteinische Schiffe 1848-1849

868 Verhandlungen über die Ausführung des Waffenstillstands: Dänische Verfahren gegen schleswig-holsteinische Schiffe 1848

869 Verhandlungen über die Ausführung des Waffenstillstands: Proklamation des dänischen Königs vom 15. Dezember 1848 1848

870 Verhandlungen über die Ausführung des Waffenstillstands: Beschlagnahmung von Waffen und Ausrüstung für die dänische Armee 1848-1849

871 Verhandlungen über die Ausführung des Waffenstillstands: Überfall auf den Landmann Petersen in Dalbye 1848-1849

Darin: „Nordslesvigsk Tidende“ vom 30. Dezember 1848

872 Verhandlungen über die Ausführung des Waffenstillstands: Umtriebe des Grafen Arthur von Reventlow-Sandberg 1849

Darin: „Den danske Slesviger“ vom 14. Februar 1849

873 Verhandlungen über die Ausführung des Waffenstillstands: Verfahren der Dänen gegen die Deutschgesinnten auf Alsen 1848

874 Verhandlungen über die Ausführung des Waffenstillstands: Konflikt der dänischen Nordschleswiger mit dem Exekutionskommando 1849

875 Verhandlungen über die Ausführung des Waffenstillstands: Empfang und Behandlung der Post in Kolding 1849

876 Verhandlungen über die Ausführung des Waffenstillstands: Holzraub in Stenderupsand 1849

877 Verhandlungen über die Ausführung des Waffenstillstands: Absperrung der Insel Alsen 1849

878 Verhandlungen über die Ausführung des Waffenstillstands: Pressung des Lotsen Asmus Jacobsen durch die Mannschaft des Dampfschiffes „Hecla“ 1849

879 Verhandlungen über die Ausführung des Waffenstillstands: Baken und Seetonnen der Schmaltiefe auf Fanö und ihre Auslieferung 1849

880 Verhandlungen über die Ausführung des Waffenstillstands: Mission des Grafen von Reventlow-Farve nach Kopenhagen 1849

881 Insubordination des 5. Infanterie-Bataillons 1848

882 Gerüchte über die Erklärung des Herzogs von Augustenburg als vogelfrei durch den dänischen König 1848-1849

883 Bestellung des Advokaten Bargum zum außerordentlichen Regierungsbevollmächtigten und die mit ihm geführte Korrespondenz 1848

884 Allgemeine Geschäftsverhältnisse des Bevollmächtigten Schleiden in Berlin 1848-1850

885 Persönliche Verhältnisse des Gesandtschaftssekretärs beim Deutschen Bundestag Christian W. L. von Stemann 1848

886 Persönliche Verhältnisse des Bevollmächtigten bei der Zentralgewalt Francke 1849

Enthält u. a.: Kopist Ziegeler

887 Schifffahrtsverhältnisse der Herzogtümer 1848-1849

888 Verschleppung der Kirchenlade aus Düppel nach Alsen durch den ehemaligen Pastor Karstensen 1849

889 Verschleppung des Schuld- und Pfandprotokolls der Norderrangstrupharde und einer Geldkiste des Amtmanns von Hadersleben Bruhn 1849

890 Konflikt mit dem englischen Dampfschiff „Hecate“ im Hafen von Kiel 1849

891 Dänische Blockade der schleswig-holsteinischen Häfen 1849

892 Verhandlungen wegen der Besetzung des Departements des Kriegswesens, besonders mit General von Schmidt in Kassel 1849

893 Einsetzung der Statthalterschaft 1849

894 Adressen und Eingaben an die Provisorische Regierung 1848

895 Adressen und Eingaben an die Gemeinsame Regierung 1848-1849

896 Adressen aus den Herzogtümern zur Friedensverhandlung 1848-1849
Darin: gedruckte Adresse der Stadt Hadersleben an die Königin Viktoria von Großbritannien

897 Denkschrift zur Wiederaufnahme der Friedens- und Waffenstillstandsverhandlungen nach dem erneuten Ausbruch des Krieges 1849

898 Denkschrift zur Wiederaufnahme der Friedens- und Waffenstillstandsverhandlungen nach dem erneuten Ausbruch des Krieges: Anlagen 1849

899 Kriegsführung 1849
Enthält u. a.: Besetzung Jütlands; Reichstruppen; Gefecht bei Eckernförde; Lieferung von Hales-Raketen aus England; dänische Besetzung von Föhr und Amrum; Kriegsberichte; Wegführung schleswig-holsteinischer Beamte durch die Dänen; dänische Kriegsgefangene; Festsetzung von Orla Lehmann; Unterordnung der Marine unter den Oberbefehl des General von Prittwitz

900 Friedens- und Waffenstillstandsverhandlungen bis zum Abschluss des Berliner Waffenstillstandsabkommens 1848-1849

901 Ausführung des Waffenstillstands von Berlin vom 10. Juli 1849 1849-1850
Enthält u. a.: Erscheinen dänischer Kriegsschiffe in den Gewässern der Herzogtümer; Korrespondenz mit Graf Eulenberg in Flensburg; Berichte Samwers aus London und Berlin; Missionen an deutsche Regierungen; Interimsflagge; Verlegung des Regierungssitzes von Gottorf nach Kiel; Postverhältnissse; geheime Artikel des Waffenstillstandsabkommens; Korrespondenz mit preußischen Ministerien; preußische Truppen im Herzogtum Schleswig

902 Verhältnisse im Herzogtum Schleswig während des Waffenstillstands von Berlin 1849-1850
Enthält u. a.: Berichte der Beamten; Adressen

903 Fregatte „Gefion“ oder „Eckernförde“ 1849-1850
Darin: deutsche und dänische Zeitungen

904 Berichte des Vertreters der Regierung in Berlin Rochus Baron von Liliencron 1849-1850

905 Verleihung des Erinnerungskreuzes zu den Feldzügen von 1848 und 1849 an fremdes Militär 1850

906 Geschäftsverhältnisse des Bevollmächtigten bei der Zentralgewalt Karl Philip Francke in Frankfurt am Main 1848-1849

907 Rechnungsübersichten des Departements der auswärtigen Angelegenheiten für 1849 und Staatsrechnung für 1849 1850
Enthält auch: Bürokosten 1850

908 Politik der Zentralgewalt und der Bundeskommission in der Waffenstillstandsangelegenheit 1849-1850

909 Rechnungsübersichten und Budget des Departements der auswärtigen Angelegenheiten für 1848 bis 1851 1849-1851

910 Herstellung einer Postverbindung durch die Herzogtümer während des Krieges 1850

911 Zustände im Herzogtum Schleswig während der Besetzung 1850
Enthält u. a.: Liste der von den Dänen abgesetzten oder geflüchteten Justizbeamten

912 Direkte Verhandlungen mit Dänemark 1849-1850

913 Anstellung auswärtiger Militärs in der Schleswig-Holsteinischen Armee 1848-1850

914 Ratifizierung des Friedens von Berlin durch den Deutschen Bundestag 1850

915 Schifffahrtsverhältnisse nach Abschluss des Friedens von Berlin sowie Stationierung eines Warnungsschiffes im Englischen Kanal (Ärmelkanal) 1850

916 Mission des Regierungsrats Andreas von Harbou nach Berlin 1850

917 Auswärtige Unterstützung der Herzogtümer im Krieg 1850-1851
Enthält u. a.: Unterstützungsvereine

918 Friedensverhandlungen in Berlin 1849-1850

919 Übersicht über die eingegangenen Adressen aus den Herzogtümern zur Wiederaufnahme des Krieges, Dankesschreiben an Cobden für seinen Einsatz bei den Friedensverhandlungen, Briefbeförderung in die von Dänemark besetzten Teile des Herzogtums Schleswig 1850

920 Entsendung von Kommissaren in Folge der Zusammenkunft von Olmütz 1849-1851
Enthält u. a.: Mission Schleidens nach Hannover, München und Stuttgart; Berichte Schleidens, des Barons von Liliencron aus Hamburg, des Grafen von Reventlow-Farve aus Wien und Frankfurt am Main, von Gervinius aus London, des Professors Wurm aus London, des Professors Forchhammer aus Frankfurt am Main und Stuttgart

921 Berichte des Gesandtschaftssekretärs Christian von Stemann aus Frankfurt am Main 1849-1851

922 Geschäftsverhältnisse des Bevollmächtigten Dr. Balemann in Berlin 1849-1850

923 Berichte von außerordentlichen Missionen 1849-1851
Enthält u. a.: Berichte Johann Gustav Droysens aus Berlin, Hannover und Kiel an Wilhelm Beseler; Berichte Reiches aus Braunschweig; Berichte Prof. Forchhammers aus Kiel, Frankfurt am Main und Kassel; Berichte Eckardts aus Glückstadt; Berichte Rudolf Schleidens aus Lübeck, Ratzeburg und Hamburg; Berichte C. L. Bahres und Woldsens in Hamburg

924 Konferenzen in Dresden 1850

925 Druckkosten und Veröffentlichung von Broschüren 1849-1850
Darin: „Le Siècle" vom 5. September 1849

926 Zeitungsartikel und Broschüren 1849-1850

927 Beschlagnahmung von schleswig-holsteinischem Eigentum in Hamburg 1850

928 Embargo auf dänische Schiffe und Beschlagnahmung von dänischem Krongut 1849

929 Zeitungen für das Departement der auswärtiger Angelegenheiten 1848-1850

930 Verhalten der Zeitungsredaktionen in der schleswig-holsteinischen Angelegenheit 1849-1851

Enthält auch: Überweisung einer Geldsumme an einen Herrn Gathy in Paris für literarische Bemühungen durch das Handlungshaus Barbeck & Wall in Altona; Mission Schleidens in Brüssel und Paris mit Schreiben Schleidens an den Departementschef von Harbou, 1850

931 Dienstgesuche aus dem In- und Ausland für militärische und zivile Stellen sowie Bestallungen (1840-) 1848

Enthält auch: Angebote des Kaufmanns C. Epner, Berlin, von der Erdmannsdorfer Leinenfabrik von Leinenlieferungen für das Militär (mit Probestücken); Rekrutierung der Schleswig-Holsteinischen Armee

932 Literatur über die Herzogtümer 1849-1850

933 Bürosachen des Departements der auswärtigen Angelegenheiten, Personal der Provisorischen Regierung 1848-1850

Enthält u. a.: Post; Bibliothek; Gagen und Personal

934 Kassensachen des Departements der auswärtige Angelegenheiten 1848-1851

Enthält: Kassenscheine; Präsidialkasse; Porto- und Bücherrechnungen; Anweisungen

935 Budgetentwurf 1850

936 Budgetkonto IV des Departements der auswärtigen Angelegenheiten 1850

937 Prägung und Verteilung des Geschichtstalers 1850-1851

938 Telegrafische Depeschen 1850-1851

Enthält auch: Bericht des Eisenbahnkommissariats zur Beschleunigung der Arbeiten an der holsteinischen Telegrafenlinie

939 Geschäftsverhältnisse des Gesandtschaftssekretärs von Stemann in Frankfurt am Main 1850-1851

940 Adressen an die Statthalterschaft nach dem Waffenstillstandsabkommen von Berlin 1849

941 Ausstellung von Pässen 1848-1850

942 Literarische Bemühungen des Professors Thaulow in Schweden und Norwegen 1850

943 Kosten von außerordentlichen Missionen 1849-1850

944 Konsularwesen 1849-1850

945 Dienstgesuche und Angebote (1840) 1850
Enthält: Gesuche des Kontoristen Rolfs, des Kopisten E. Zückermann und des Kantonisten Wilhelm Unrau, Graudenz, um Zivilstellen; Erfindung einer Schiffszerstörungsmaschine durch den Rittergutsbesitzer Edelbüttel

946 Geschäftsverhältnisse des Barons von Liliencron in Berlin 1848-1851

947 Mission des Adolph von Moltke in Berlin 1848-1850

948 Anschaffung von Militärausrüstung 1848-1850

949 Bestandsübersichten des Arsenals in Rendsburg vom März 1848 und Juni 1851 1848, 1851

950 Schleswig-Holsteiner in der dänischen Armee 1849

951 Mitteilung eines Schreibens des Reichsministeriums des Krieges zur Küstenverteidigung in Schleswig-Holstein durch den Bevollmächtigten bei der Zentralgewalt Francke sowie Antwort der Gemeinsamen Regierung an Francke 1849

818 Akten des schleswig-holsteinischen Bevollmächtigten bei der Reichszentralgewalt Francke über den Feldzug 1849/50 1849-1850

952 Auflösung der Schleswig-Holsteinischen Armee 1851

953 Offizierslisten der Schleswig-Holsteinischen Armee 1848-1851

954 Militärsachen 1845-1851
Enthält: älteres Trainwesen der Schleswig-Holsteinischen Armee; ältere Formationen und Ausrüstung der Schleswig-Holsteinischen Feldartillerie mit Schieß- und Konstruktionstabellen; Bericht der Kommission zur Ausarbeitung eines Entwurfs des Etats der Artillerie; allgemeine Organisation

955 Lithografien von Schriftstücken 1849-1850

Enthält: Korrespondenz zwischen Nielsen und von Eulenberg über das Verfahren der Landesverwaltung im Herzogtum Schleswig; Schreiben des Herrn von Schleinitz zur Verwahrung gegen den Abschluss des Friedens zwischen Preußen und Dänemark; Schreiben Max Dunckers anlässlich des Friedensschlusses

956 Stellung der Insel Fehmarn (1486-) 1851

Enthält u. a.: Abschriften älterer Privilegien

957 Verhältnis zur Zentralgewalt 1848-1850

Enthält u. a.: Verhältnis des Bevollmächtigten bei der Zentalgewalt; Huldigung der Truppen; Ersuchen des Reichsministeriums um Berichte über politische Vereine; Nachrichte über diplomatische Vermittlungen; Mitteilungen von Verordnungen; Bundesfinanzen

958 Verfassung Deutschlands, Regelung des deutschen Zollwesens

Enthält u. a.: Berichte Droysens aus Erfurt 1848-1850

959 Protokolle der Provisorischen Regierung, der Gemeinsamen Regierung und des Staatsrats 1848-1851

960 Journale der Provisorischen Regierung, der Gemeinsamen Regierung und des Departements der auswärtigen Angelegenheiten

Enthält u. a.: Sachregister 1848-1850

961 Verschiedene Schriftstücke, hauptsächlich Schreiben an die verschiedenen Regierungen der Herzogtümer (1834-) 1848-1851

Enthält u. a.: Vorschlag zur Gründung einer Militärschule nördlich von Rendsburg; auswärtige Angelegenheiten; Auszüge aus dem Staatsratsprotokoll 1849-1850; Herzogtum Lauenburg; dänische und schleswig-holsteinische Proklamationen und Erlasse; Postsachen; Rückgabe der 1813 bei Sehestedt erbeuteten Kanonen an den König von Hannover; Schreiben an den preußischen Königs anlässlich des auf ihn verübten Attentats; Abschriften der Scheidungsurkunde und des Ehevertrages des Königs Friedrich VII. von Dänemark; Quartiervergütung für die Stadt Schleswig wegen der Einquartierung preußischer Truppen

962 Personalangelegenheiten 1849-1850

Enthält u. a.: Untersuchungshaft des Balduin Bruhn, Schleswig, wegen Demagogie in Hannover; Behandlung des Engländers Harcourt in Altona; Verhalten des preußischen Konsuls und Hafenmeisters Friedrich Nommsen in Wyk auf Föhr bei einer Hafenreparatur

963 Allgemeine Landespolizei und verdächtige Personen (1842-) 1848-1850 (1919)
Enthält u. a.: Liste über verdächtige und inhaftiert gewesene Personen

Vermögensverwaltung

Protokolle und Journale

964 Dekretenprotokolle 1814-1816, 1821-1834

965 Briefprotokolle 1814-1815

966 Kopiebuch 1816

967 Korrespondenzprotokoll mit Nebenbüchern 1817-1819

968 Administrationsjournal 1816-1818

969 Sekretariatskopiebuch 1820-1821

970 Sekretariatsjournal 1820-1823

971 Register zum Sekretariatsjournal 1820-1823

974 Augustenburger Verwaltungssachen: Beilagen zum Administrationsjournal Juli-November 1816

975 Augustenburger Verwaltungssachen: Beilagen zum Administrationsjournal Dezember 1816-Juni 1817

978 Augustenburger Verwaltungssachen: Beilagen zum Journal 1820

979 Augustenburger Verwaltungssachen: Beilagen zum Journal 1821

980 Augustenburger Verwaltungssachen: Berichte und Beilagen zum Journal 1822-1824

Hofhaltung

1711 Hofinventare und Verzeichnisse von den Schlössern Augustenburg und Gravenstein 1814-1843

1988 Hofhaltungsrechnung: Beilagen 1821-1824

1986 Hofhaltungsrechnung: Beilagen 1832-1833

1987 Hofhaltungsrechnung: Beilagen 1841-1842

1989 Hofhaltungsrechnung: Beilagen 1844-1845

1971 Küchen- und Konditoreirechnung 1820-1824

1984 Lieferungen von Gemüse und Früchten an die Küche 1828-1829

1972 Küchen- und Konditoreirechnung 1830-1846

1694 Kellerrechnung mit Beilagen 1843

2033 Tägliche Aufstellung der Lieferungen aus Küche und Keller Mai 1844

1985 Gartenrechnung 1819, 1840

1992 Verzeichnis der für auswärtige Waren erteilten Fürstenscheine 1828

1013 Inventar des Gärtners in Augustenburg 1829-1847

1043 Verkauf und Versendung des Mobiliars auf Augustenburg und Gravenstein sowie Ablieferung der in der Münze in Altona aufbewahrten Silbergegenstände (1829-1847) 1853-1855
Enthält u. a.: verschiedene Inventare

1970 Briefe von Lieferanten in Hamburg an Hofschreiber Hattensen
Enthält u. a.: Buchsendungen 1830-1838

Gestüts-, Jagd- und Forstwesen

1973 Stallrechnung 1815-1819

1978 Stallrechnung: Beilagen 1826

1979 Stallrechnung mit Beilagen 1829-1830

1980 Stallrechnungen: Beilagen 1839, 1841

1982 Stallrechnung: Beilagen 1845-1846

1975 Trainier- und Beschälstallrechnung: Beilagen 1834

1981 Trainier- und Beschälstallrechnung: Beilagen 1836

1976 Trainier- und Beschälstallrechnung: Beilagen 1838

1977 Rechnung über Einkauf von Klopp, Heu und Hafer 1829-1840

1974 Rechnungen über Ein- und Verkauf von Pferden 1837-1847
Enthält vor allem: Beilagen

1006 Pferderennen sowie Gestüts- und Marstallangelegenheiten (1768-) 1827-1847
Enthält u. a.: Rennprogramme der Augustenburger Rennbahn; Zu- und Absagen von Einladungen zu Rennen; Gestütsrechnungen; Kauf und Verkauf von Pferden; Rechnungen und Briefe im Nachlass eines John Palmer (mit Kontobuch, 1835, und astrologischer Schrift)

1007 Aufsätze und Briefe des Herzogs Christian August über Pferdezucht, Pferderennen und andere Pferdeangelegenheiten 1828-1846

1008 Aufsätze und Drucksachen zu Pferdeangelegenheiten 1832-1838

1009 Briefe an Herzog Christian August in Pferdeangelegenheiten: A 1825-1839
Enthält: Adler, Grafen von Ahlefeldt-Saxtorf, von Ahlefeldt-Laurwig und von Ahlefeldt-Olpenitz, Angelstofft, Arpe, Astrup, Graf Andrassy und Apperley

1011 Briefe an Herzog Christian August in Pferdeangelegenheiten: B
Enthält u. a.: Baron von Biel 1820-1846

1016 Briefe an Herzog Christian August in Pferdeangelegenheiten: C-H 1827-1841

1019 Briefe an Herzog Christian August in Pferdeangelegenheiten: J-P 1827-1848

1022 Briefe an Herzog Christian August in Pferdeangelegenheiten: R 1826-1839

1024 Briefe an Herzog Christian August in Pferdeangelegenheiten: S-U 1820-1846

1029 Briefe an Herzog Christian August in Pferdeangelegenheiten: V 1826-1846

1031 Briefe an Herzog Christian August in Pferdeangelegenheiten: W 1829-1846

1015 Briefe des Grafen Holmer an Herzog Christian August in Pferdeangelegenheiten 1833-1847

1030 Briefe des Majors von Wackenhusen an Herzog Christian August in Pferdeangelegenheiten 1827-1833

1026 Briefe eines Mister Tattensall an Herzog Christian August in Pferdeangelegenheiten 1819-1845

1027 Briefe des Herzogs Christian August an Mister Tattensall in Pferdeangelegenheiten 1823-1839

1028 Tätigkeiten des Lakaien Wagner in Handelsangelegenheiten, insbesondere bei Pferdelieferungen 1835-1836
Enthält u. a.: Frachttarife der Dampfschifffahrtsgesellschaft zwischen Le Havre und Hamburg

1010 Stammregister der Jagdhunde in Augustenburg 1815-1829

1695 Beilagen zur Jagdrechnung 1830
Enthält u. a.: Einnahmen aus dem Verkauf von Wild

1983 Anschlag zur Jagdrechnung 1833-1834

1012 Denkschrift des Herzogs Christian August über die Fasanerie auf Jägerspries 1835

1014 Auszug aus dem Taxationsprotokoll über die Eichen in den herzoglichen Forsten auf Alsen 1847

1037 Versammlung der Land- und Forstwirte in Kiel 1847

Gutswirtschaft, Rechnungen, Vermögensverwaltung

1967 Abrechnung zwischen Hofrat Bahrt und Kassierer Marcussen über die Privatkasse des Herzogs Christian August 1840-1846

1991 Vorschüsse zu verschiedenen Rechnungen 1842-1848
Enthält u. a.: Rennkasse

1968 Abrechnung mit Kassierer Marcussen und Kassierer Vogtmann über die Hauptkasse 1845-1849

1966 Portobuch für Hofrat Bahrt vom Postbüro in Sonderburg 1846-1848

1990 Haupt- und Privatkasse: Ausgabenbelege 1846-1848

1667 Brief des Herzogs Christian August an einen Unbekannten wegen Verzichts auf den Ankauf einer Herrschaft 1855

972 Augustenburger und Gravensteiner Güter während der vormundschaftlichen Verwaltung 1814-1816

973 Augustenburger und Gravensteiner Verwaltungssachen 1814-1816, 1820-1821

976 Herzogliche Verwaltungskommission 1817-1818
Enthält u. a.: Berichte; eingegangene Rechnungen; Übersicht über die Ausgaben für den Herzog im ersten Quartal 1818

977 Verwaltung des herzoglichen Vermögens und der Güter 1817-1820

982 Zustand des herzoglichen Vermögens 1820-1821

983 Schuldenverzeichnis 1821-1827

984 Verzeichnis der Obligationen auf die augustenburgischen Fideikommissgüter 1810-1852 (1854)

981 Schreiben an Hofmeister und Oberinspektor Bahrt auf Augustenburg zu Verwaltung 1826

985 Schuldenverzeichnis mit Register und Beilagen 1730-1852

986 Forderungen der herzoglichen Privatkasse (1834-) 1847-1858
Enthält: Anleihen, Vorschüsse und andere Zahlungen aus dem herzoglichen Privatvermögen

987 Verschreibungen und Schuldbeweise 1820-1867

988 Blankovordrucke von Obligationen 1810, 1852-1856

989 Vom Prinzen Friedrich Karl Emil gewünschte Anleihe (1816) 1824
Enthält u. a.: Übersicht über Einnahmen, Kapitalien und Schulden des Prinzen, 1816

990 Briefe des Herzogs Christian August zu Gutsankäufen 1837-1847, 1855

991 Korrespondenz zum Verkauf von Besitzungen des Wemmetoft Klosters und Forderungen des Herzogs Christian August als Pfandgläubiger 1842-1844
Enthält auch: Briefe des Prinzen Friedrich Emil August (von Noer) und der Königin Caroline Amalie von Dänemark an Herzog Christian August über das Vermögen Caroline Amalies

992 Geldangelegenheiten der Herzogin Louise Sophie 1843, 1854
Enthält: Erbteil am Nachlass ihrer Mutter; Rückzahlung einer von der dänischen Königin der Herzogin geliehenen Geldsumme für eine Reise nach England

993 Briefwechsel zwischen Herzog Christian August und Oberhofmeister von Düring in Hannover sowie König Ernst August von Hannover über ein auf Fideikommissobligationen zu leihendes Kapital aus der dortigen Domanialablösung 1846

994 Reiserechnungen 1820

995 Rechnungs- und Kassenangelegenheiten 1820-1840
Enthält u. a.: Tagelöhnerbuch 1838-1839

996 Kassenrevision 1840-1847

997 Abrechnung mit Rink und Matthiesen 1843-1848

998 Abrechnung mit Lawätz und Koch 1847-1849

999 Rechnung über Einahmen und Ausgaben der Besitzungen auf Alsen 1847-1848

1000 Besonderes Hebungsregister über Besitzungen auf Alsen 1846

1001 Rechnung über Einahmen und Ausgaben der Gravensteiner Güter 1847-1848

1002 Erdbuch oder Hebungsregister über die Gravensteiner Besitzungen 1847-1848

1003 Generalabrechnung der Privatkasse mit Beilagen 1847

1004 Einnahmen und Ausgaben der Privatkasse 1853-1859

1005 Rechnungen für die Herzogin Louise Sophie 1848-1858

1020 Schuldenregulierung des Kammerdieners Petersen in Augustenburg (1811-) 1815

1032 Rechnungs- und Kassenangelegenheiten des verstorbenen Kochs Vogt 1839

1034 Briefwechsel zwischen Herzog Christian August und Hofrat Bahrt über die Pensionen auf Augustenburg (1814-) 1853

1035 Haushaltssachen 1820-1849, 1857
Enthält u. a.: Porzellanbestellungen; Portwein; Schmuck- und Silberarbeiten; Auszahlungen; Sammlung für Waisen in Schlesien

1036 Stempelpapierfreiheit der Mitglieder der herzoglichen Familie 1826-1831

1038 Ablösung der Hofdienste auf den Gravensteiner Gütern 1836-1853, 1864

1039 Die herzoglichen Güter während des Krieges 1848-1851 1848-1851
Enthält u. a.: Protokoll der Verlosung von Handarbeiten in Sundewitt zugunsten von Verwundeten

1040 Unterlagen der Landesverwaltung für das Herzogtum Schleswig über die Augustenburger und Gravensteiner Güter 1850
Enthält auch: Schreiben des von Krogh über Gravenstein

1041 Abtretung der herzoglichen Güter an Dänemark und daraus entstandene finanzielle Fragen 1848-1854

1042 Schulen zu Laygaardholz und Holebüll, Fuhrpflicht im augustenburgischen Güterdistrikt, Pensionsberechtigung augustenburgischer Beamter, Recht des Herzogs zur Erteilung von Gewerbekonzessionen 1850-1853, 1862-1871

1044 Briefe des Hofrats Bahrt an Herzog Christian August in Vermögensangelegenheiten, Budget- und Geldangelegenheiten, geschäftliche Korrespondenz mit dem Kaufmann Johann Caesar Godeffroy 1850-1869

1045 Einnahme- und Ausgabekonto 1855-1861

1046 Jahresbilanzen 1862-1872

1047 Journal der herrschaftlichen Einnahmen und Ausgaben 1861-1871
Enthält auch: Briefe des Hofchefs von Cossel und der Witwe Caroline Prien an Hofrat Bahrt

1048 Rechnungen über herrschaftliche Einnahmen und Ausgaben sowie Abrechnung zwischen Kassierer Vogtmann und Hofrat Bahrt 1848-1861

1049 Abrechnungen mit dem Hofchef von Cossel und mit Inspektor Haack 1849-1870

1050 Rechnungs- und Kassensachen 1845-1858
Enthält u. a.: Regulierung der Rechnungsangelegenheiten des verstorbenen Hausvogtes Lenschau; Reiserechnungen; Abrechnungen mit verschiedenen Personen; Versicherung des Schlosses Gravenstein und dessen Mobiliars

1051 Verwaltung der Gutes Dolzig und der Herrschaft Primkenau 1853-1857

1055 Angebliche Zahlungen der Königin Caroline Amalie von Dänemark an den Herzog für den Prinzen Friedrich sowie die darüber getroffenen Anordnungen des Prinzen, Umschlags- und Geldangelegenheiten des Prinzen Friedrich 1847-1869

1056 Geldangelegenheiten 1849-1870
Enthält u. a.: Aufbewahrung von Staatspapieren und Leibrentenverschreibungen beim Kaufmann Godeffroy und Sohn, Hamburg; Berliner Darlehen; Brandversicherung der Bibliothek auf Schloss Gravenstein

1059 Briefwechsel zwischen der Königinwitwe Caroline Amalie von Dänemark und Herzog Christian August wegen einer fehlenden Obligation 1856

Personal

1018 Predigerstellen in Atzbüll, Gravenstein und Nottmark 1822-1823, 1845-1849

1033 Bedienstete 1846-1854

1052 Verzeichnisse der Gagen, Pensionen und Unterstützungen 1853-1868

1053 Korrespondenzen und Resolutionen wegen Gagen, Pensionen und Unterstützungen 1853-1868

1054 Verzeichnis der Gagen, Pensionen und Unterstützungen 1869-1871

Justiz

1017 Hofgerichtsprotokoll und Hofgerichtssachen 1821-1838

1025 Briefe des Lakaien Ludwig Petersen an Hofschreiber Hattersen wegen Unterhalts für die von ihm geschwängerte Louise Thomsen 1828-1832

Nachlässe und Legate

1021 Regulierung von Nachlässen (1781-) 1816-1836
Enthält: Lakai Jens Jensen Hoyer; Altfrau Maria Sophia Nielsen; Hausvogt Peter Jürgensen; Kammerjungfrau Anna Amalia Dorothea Kob; Kammerjungfrau Anna Sophia Adler; Altfrau Charlotte Grotrian; Altfrau Anna Margaretha Witten; Dienerin Louise Charlotte Augustine Nielsen; Leibzwerg Michael Hüttmann; John Palmer

1023 Vormundschaft für Emil Wedel nach Beendigung des Legitimationsstreites (1765) 1826-1837
Darin: Vierzig-Schilling-Kurant-Münze aus Holstein, eine Zwei-Schilling-Kurant-Münze aus Schleswig und eine Zwei-Schilling-Kurant-Münze aus Mecklenburg-Schwerin

1057 Legat der Prinzessin Louise Christine Caroline für die Schule in Augustenburg 1855-1870

1058 Wahlensches Legat 1855-1871

Besitzungen in Nienstedten

1060 Besitzungen in Nienstedten, vormals Arnemannsche Besitzungen 1765-1871

1061 Besitzungen in Nienstedten, vormals de la Campsche Besitzungen 1822-1836, 1865-1868

1062 Besitzungen in Nienstedten 1867-1869
Darin: Plan zu den ehemaligen Arnemannschen Ländereien

1063 Besitzungen in Nienstedten: Veräußerungsprojekte und Verkauf 1866-1870
Enthält u. a.: Inventar

1064 Besitzungen in Nienstedten: Rechnungen über Einnahmen und Ausgaben 1852-1871

HERZOG FRIEDRICH (1829-1880)

Allgemeines

2061 Ärztliche Rezepte für Herzog Friedrich und ärztliches Gutachten für Prinzessin Auguste Viktoria 1866-1879

1065 Tagebuch des Prinzen Friedrich aus dem Feldzug 1849, Aufsatz des Prinzen über den Feldzug in Schleswig 1850, Aufsatz zur Geschichte der Schleswig-Holsteinischen Armee (mit Beilagen), eigenhändige Ausarbeitung über die Sektion der Personalien beim Generalkommando 1849-1850

2003 Aufsatz des Prinzen Friedrich zum Feldzug im Herzogtum Schleswig vom 1. Juli bis zum 1. August 1850 1855
Enthält: Reinschrift des Manuskripts in Abt. 22 Nr. 1065 mit Bewertungen der Vorgesetzten

1066 Reise des Prinzen Friedrich nach Belgien, Frankreich, Italien und England sowie Reisenotizen 1851-1869

1067 Schriftstücke des Prinzen Friedrich aus der Schulzeit sowie aus dem Dienst in der dänischen und Schleswig-Holsteinischen Armee ca. 1843-1850

1068 Schriftstücke des Prinzen Friedrich aus der Studienzeit, Dienst in der preußischen Armee, militärische Papiere, Orden und Patente
Darin: zahlreiche Druckschriften zum Studium (1837-) 1850-1862

1069 Brief des Herzogs Christian August zum Eintritt des Prinzen Friedrich in die preußische Armee [1854]

1070 Anstellung des Herzogs Friedrichs im bayerischen Militärdienst und seine Teilnahme am Feldzug 1870/71 sowie Errichtung von Denkmälern auf den Schlachtfeldern von Weißenburg und Wörth 1870-1877

1071 Manuskript des Herzogs Friedrich über die Geschichte der Französischen Revolution sowie historische, geologische und chemische Exzerpte [1869]

1072 Aufsätze des Prinzen Friedrich über die Fechtart in Preußen und zur Geschichte von Dolzig 1855-1863

1073 Exzerpte Herzog Friedrichs aus Büchern, Übersetzungen, Notizen zu Abweichungen der Norddeutschen Bundesverfassung und der schleswig-holsteinischen Gesetze von ihren ersten Entwürfen
ohne Jahr

Familienangelegenheiten

2070 Andenken an Herzog Friedrich und andere Familienmitglieder, Patenschaft für Mary und Gilbert Hamilton, Bleistiftzeichnungen, Wiegeliste der Herzogsfamilie [1865-1880]
Darin: Haarlocken; Trockenblumen; Spielkarten; Foto von Gilbert Hamilton, ca. 1869

1074 Werbung des Prinzen Friedrich um Prinzessin Maria von Baden sowie Werbung des Grafen Karl von Schönburg um Prinzessin Henriette 1855

1075 Ehevertrag zwischen Prinz Friedrich und Prinzessin Adelheid von Hohenlohe-Langenburg (1852) 1856-1860 (1914)
Enthält auch: Aufstellung des Zugs zur Trauung; Öffnung des Testaments des Fürsten Ernst von Hohenlohe-Langenburg; Abschrift eines Briefes des Fürsten Ernst von Hohenlohe-Langenburg an Prinzessin Adelheid über die Werbung Kaiser Napoleons III. von Frankreich, dazu Begleitschreiben des Fürsten Ernst von Hohenlohe-Langenburg an Herzog Ernst Günther, 1914
Darin: „Schwäbischer Merkur“ vom 20. August 1857 und „Primkenauer Wochenblatt“ vom 9. August 1857 mit Bekanntgabe der Geburt des Erbprinzen

1076 Briefe über die Werbung des Prinzen Friedrich um Prinzessin Adelheid von Hohenlohe-Langenburg sowie Notizen Herzog Christian Augusts zum Ehevertrag 1856

1077 Vermählung des Erbprinzen Friedrich sowie Gratulationen zur Hochzeit und Geburt des Prinzen 1856-1857

1078 Vermählung des Prinzen Christian Karl August mit Prinzessin Helene Augusta Victorie von Großbritannien 1865-1867

1079 Vermählung der Prinzessin Henriette mit Prof. Dr. Friedrich Esmarch
1871-1872 (1901)

1080 Mitteilung der Geburt des Prinzen Friedrich Wilhelm Viktor Karl und Gratulationsschreiben 1857

1081 Mitteilung der Geburt der Prinzessin Auguste Viktoria und Gratulationsschreiben 1858

1082 Mitteilung der Geburt der Prinzessin Caroline Mathilde und Gratulationsschreiben 1860

1083 Mitteilung der Geburt des Prinzen Gerhard und Gratulationsschreiben 1862

1084 Mitteilung der Geburt des Prinzen Ernst Günther und Gratulationsschreiben 1863

1085 Mitteilung der Geburt der Prinzessin Louise Sophie und Gratulationsschreiben 1866

1086 Mitteilung der Geburt der Prinzessin Feodora und Gratulationsschreiben 1874

1087 Mitteilung der Geburt des Sohnes des Prinzen Christian Karl August, Albert, und Gratulationsschreiben 1869

1088 Mitteilung des Todes der Prinzessin Amalie Eleonora Sophie Caroline und Kondolenzschreiben 1870

1089 Mitteilung des Todes des Prinzen Woldemar und Kondolenzschreiben 1870

1090 Kondolenzschreiben zum Tod der Prinzessin Louise Augusta 1872

1091 Anteil der Herzogin Adelheid am Nachlass des Fürsten Ernst von Hohenlohe-Langenburg und andere Vermögensangelegenheiten der Herzogin 1860-1877

1092 Anteil der Herzogin Adelheid am Nachlass des Grafen Heinrich VI. von Reuß-Köstritz 1863, 1878

Enthält u. a.: Stammtafel des Grafen

1093 Gyldensteensche Nacherbfolge und Desmerciersche Leibrente 1868-1878

1094 Nachlass der Prinzessin Louise Augusta (1870-) 1872-1873

Darin: Auslagebuch der Prinzessin

1095 Abschrift des Testaments der Königin Caroline Amalie von Dänemark mit Kodizillen (letzwillige Verfügungen ohne Ernennung eines Erben) 1870-1880

1096 Brief der Königin Caroline Amalie von Dänemark an Herzog Friedrich zu ihrem Testament 1870

1097 Zahlungen der Königin Caroline Amalie von Dänemark an Prinz Friedrich Emil August (von Noer) auf ihre zukünftige Hinterlassenschaft (1846-) 1853-1865

1098 Tod des Prinzen Friedrich Emil August (von Noer) und Stellung seiner Witwe 1865-1866

1099 Nachlasssache der Fürstin Feodora von Hohenlohe-Langenburg, geborene Prinzessin von Leiningen (1861) 1873

Enthält u. a.: Verzeichnis der Gegenstände und des Schmucks im Haus in Baden

1100 Briefwechsel zwischen Herzog Friedrich und Herzog Karl von Schleswig-Holstein-Sonderburg-Glücksburg über die Erbfolge in Plön (1765) 1877-1878

Enthält auch: Dankesschreiben des Herzogs Friedrich von Schleswig-Holstein-Sonderburg-Glücksburg an Herzog Friedrich für dessen Kondolenzschreiben zum Tode Herzogs Karls, 1878

Darin: Karte des Schlossgartens in Augustenburg; Druckschrift zu den Forderungen Herzogs Karl an Preußen zum Ausweis des sogenannten Plönischen Äquivalents

1101 Programm zur Beisetzung Herzog Friedrichs 1880

Briefwechsel

Briefwechsel mit Mitgliedern des Hauses Schleswig-Holstein

1102 Briefe des Herzogs Christian August an Herzog Friedrich 1842-1869

Enthält auch: einige Briefe an Erbprinz Friedrich und seinen Bruder Prinz Christian Karl August

1103 Briefe der Herzogin Louise Sophie an Herzog Friedrich 1842-1864

1104 Briefe des Herzogs Friedrich an Herzog Christian August und Herzogin Louise Sophie 1846-1869

1105 Briefe der Herzogin Adelheid an Herzogin Louise Sophie 1856-1865, 1877-1878

Enthält auch: Geburtstagsglückwünsche und -gedichte der Familie für Herzog Friedrich, 1877 und 1878

1106 Briefe der Prinzessinen Auguste Viktoria, Caroline Mathilde, Louise Sophie und des Prinzen Ernst Günther an ihre Eltern 1863-1879

1107 Briefe der Prinzessinnen Louise Augusta und Caroline Amalie an Herzog Friedrich sowie Brief des Herzogs Friedrich an seine Schwestern, Briefe der Prinzessin Caroline Amalie an ihren Onkel, vermutlich Prinz Friedrich Emil August (von Noer) 1842-1879

1108 Briefe des Prinzen Christian Karl August an Herzog Friedrich 1846-1879

Enthält auch: Briefe der Prinzessin Louise Augusta an verschiedene Familienmitglieder

1109 Briefe der Prinzessin Helene und ihrer Kinder an Herzog Friedrich 1860-1879

1110 Briefe der Prinzessin Henriette an Herzog Friedrich 1844-1879

1111 Briefe der Prinzen Friedrich und Christian Karl August an ihre Schwestern, Briefe der Herzogin Louise Auguste an Prinz Friedrich, Briefe des Prinzen Emil an Prinz Friedrich 1836-1850

1112 Briefe der Königin Caroline Amalie von Dänemark an Herzog Friedrich, Briefe der Neffen und Nichten an die Königin, Briefe des Prinzen Friedrich Emil August (von Noer) an Prinz Friedrich 1845-1879

1113 Briefwechsel zwischen Fürstin Marie von Noer und Herzog Friedrich 1865-1869

1114 Briefwechsel zwischen Herzog Friedrich und dem Grafen Friedrich August von Noer, Briefe des Prinzen Friedrich Emil August (von Noer) an Prinz Friedrich, Briefe der Prinzessin Louise (von Noer) und des Prinzen Handjeri an Herzog Friedrich 1842-1879

1115 Briefwechsel zwischen Prinz Woldemar und Herzog Friedrich 1846-1870

1116 Briefe der Prinzessin Sophie an Prinz Friedrich, Briefe der Prinzessinen Pauline und Charlotte an Herzog Friedrich, Briefe der Prinzen Julius und Johann von Schleswig-Holstein-Sonderburg-Glücksburg an Prinz Friedrich 1838-1876

1117 Briefwechsel zwischen Herzog Karl von Schleswig-Holstein-Sonderburg-Glücksburg und Prinz Friedrich, Briefe des Grafen Christian von Danneskiold und Gräfin Holck geborene Danneskiold an Herzog Friedrich 1853-1873

1118 Briefe des Fürsten Ernst und der Fürstin Feodora von Hohenlohe-Langenburg an Prinz Friedrich 1856-1866

1119 Briefe des Fürsten Hermann von Hohenlohe-Langenburg an Herzog Friedrich 1866, 1876-1879

1120 Briefe von Mitgliedern der Fürstenhäuser von Hohenlohe-Langenburg und Hohenlohe-Ingelfingen an Herzog Friedrich 1856-1879

1121 Briefe des Prinzen Ernst von Leiningen und des Fürsten Chlodwig von Hohenlohe-Schillingsfürst an Prinz Friedrich 1856-1869

1681 Briefkonzepte der Herzogin Adelheid an Verwandte und Privatpersonen 1864-1867 und ohne Jahr
Enthält u. a.: Bleistiftzeichnungen und -porträts

Briefwechsel mit Mitgliedern anderer fürstlicher Häuser

1122 Briefe von Mitgliedern auswärtiger Fürstenhäuser an Herzog Friedrich: A-O 1855-1879
Enthält auch: Herzog von Sagan-Valençay; Grafen von Solms-Laubach und Solms-Baruth

1123 Briefe von Mitgliedern auswärtiger Fürstenhäuser an Herzog Friedrich: Königreich Preußen 1856-1879

1124 Briefe von Mitgliedern auswärtiger Fürstenhäuser an Herzog Friedrich: Fürsten Heinrich VII. und Heinrich XIV. und Fürstin Clothilde von Reuß sowie Herzog Viktor von Ratibor 1854-1879

1125 Briefe von Mitgliedern auswärtiger Fürstenhäuser an Herzog Friedrich: S-W 1846-1879
Enthält auch: Brief des Herzogs Friedrich an eine ungenannte Person; Briefe ungenannter Fürstlichkeiten

Briefwechsel mit Privatpersonen

1126 Briefe von Privatpersonen an Herzog Friedrich: A 1851-1879

1127 Briefe von Privatpersonen an Herzog Friedrich: B 1847-1879

1128 Briefe von Privatpersonen an Herzog Friedrich: C 1843-1878
Enthält u. a.: Briefe des Prinzen Christian Karl August an den Hofchef von Cossel
Enthält auch: Briefe des Prinzen von Croy

1129 Briefe von Privatpersonen an Herzog Friedrich: D 1854-1879

1130 Briefe von Privatpersonen an Herzog Friedrich: E 1863-1879

1131 Briefe von Privatpersonen an Herzog Friedrich: F 1854-1879

1132 Briefe von Privatpersonen an Herzog Friedrich: G 1850-1879

1133 Briefe von Privatpersonen an Herzog Friedrich: H 1842-1879

1134 Briefe von Privatpersonen an Herzog Friedrich: I und J 1860-1879
Enthält u. a.: gebundener Briefwechsel zwischen Herzog Friedrich und H. B. Jahn, 1870-1878

1135 Briefe von Privatpersonen an Herzog Friedrich: K 1845-1879

1136 Briefe von Privatpersonen an Herzog Friedrich: L 1842-1879

1137 Briefe von Privatpersonen an Herzog Friedrich: M 1852-1879

1138 Briefe von Privatpersonen an Herzog Friedrich: N 1866-1878

1139 Briefe von Privatpersonen an Herzog Friedrich: O-Q 1855-1879

1140 Briefe von Privatpersonen an Herzog Friedrich: R 1849-1879

1141 Briefe von Privatpersonen an Herzog Friedrich: S 1847-1879

1142 Briefe des Herzogs Friedrich an Karl Samwer 1854-1879

1143 Briefe Karl Samwers an Herzog Friedrich 1853-1879

1144 Briefe von Privatpersonen an Herzog Friedrich: T 1846-1879

1145 Briefe von Privatpersonen an Herzog Friedrich: U 1854-1856, 1873
Enthält: von Üchtritz; von Usedom

1146 Briefe von Privatpersonen an Herzog Friedrich: V 1851-1879
Enthält: Ernst Friedrich und vermutlich Georg Ernst Versmann; Marie Vernes; Professor Paul Volquardsen; Voss

1147 Briefe von Privatpersonen an Herzog Friedrich: W-Z 1837-1879
Enthält auch: Bettelbriefe an Erbprinz Friedrich; verschiedene Schreiben (Dienerschaft, Geschäftsbriefe, Vereinssachen u. a.) an Erbprinz Friedrich

1148 Briefe von Familienmitgliedern und Verwandten an Herzogin Adelheid 1866-1868

1150 Briefe von Privatpersonen an Herzogin Adelheid sowie Notizen und Konzepte der Herzogin 1864-1877

1149 Briefe von Privatpersonen an Herzogin Adelheid 1866-1868

1151 Briefe von Familienmitgliedern und Verwandten an Herzogin Adelheid 1853-1877
Enthält auch: Briefe der Prinzessinen Auguste Viktoria, Caroline Mathilde, Louise Sophie und des Prinzen Ernst Günther an ihre Eltern

2058 Briefe von Verwandten und Privatpersonen an Prinzessin Amalie 1858-1888
Darin: Foto eines Mädchens (Fotograf: E. Herold & Riemann, Breslau)

1152 Briefe Kaiser Wilhelms I. und König Ludwigs von Bayern an Prinz Christian Karl August 1880-1881

Politische Tätigkeit

1153 Politische Aufzeichnungen des Prinzen Friedrich 1849-1860

1154 Briefwechsel zwischen Herzog Christian August und Kammerrat Röttcken und zwischen Erbprinz Friedrich und Freiherr von Stillfried über Rang und Titel der Mitglieder des Hauses Augustenburg in Preußen 1853-1855

1155 Briefwechsel zwischen Herzog Christian August und Oberhofmarschall von Guben über den Rang der Prinzessinnen 1858

1156 Druckschriften über die dänische Armee 1854-1863

1157 Denkschrift über die Wahlgesetze 1848 und 1854 nach 1854

1158 Briefe des Prinzen Friedrich an König Friedrich VII. von Dänemark über die Erbansprüche des Hauses Augustenburg 1859

1159 Aufsätze zum Erbrecht des Hauses Augustenburg [1859-1864]

1160 Denkschriften, Referate und Briefe des Herzogs Friedrich zur schleswig-holsteinischen Frage 1854-1866

1161 Zeitungsartikel, Abschriften und Notizen zur schleswig-holsteinischen Frage, Aufsätze über das Erbrecht, Aufsatz über den Verkauf der augustenburgischen Fideikommissgüter 1857-1865

1162 Aufsätze „Über das Recht der Ebenbürtigkeit der Ehe im preußischen Hause“ und „Die unehelich Geborenen und deren Nachkommen nach dem Rechte und der Sitte der deutschen Fürstenhäuser“ sowie Bemerkungen über das Gesetz des Hauses Gotha ohne Jahr

1163 Verkauf der Güter Gammelgaard, Laygaard und Gravenstein durch Dänemark 1860-1862

1164 Briefwechsel zwischen dem Prinzen Friedrich und Hugo Jensen in Hamburg 1860-1863

1165 Artikel des „Dagbladets“ vom 31. Juli bis 3. August 1861 zum englischen Blaubuch über die schleswig-holsteinische Frage 1861

1166 Wahlen in Preußen, Gründung einer konservativen und konstitutionellen Partei, Konservativer Verein des Sorauer Kreises 1861-1863
Enthält u. a.: Wahllisten und Wahlprogramme

1167 Adresse, besonders des Schleswig-Holsteinischen Kampfgenossen-Vereins, an Herzog Friedrich 1861-1873

1168 Huldigungen und Mitteilungen patriotischer Gesinnung 1863-1864

1169 Adressen an Herzog Friedrich Juli 1864

1965 Adressen an Herzog Friedrich aus dem Herzogtum Schleswig 1864

1170 Durch den Druck veröffentlichte Huldigungsadressen an Herzog Friedrich aus dem Herzogtum Holstein 1863-1864
Enthält auch: Huldigungsadresse der Landschaft Angeln

1171 Durch den Druck veröffentlichte Huldigungsadressen an Herzog Friedrich aus dem Herzogtum Schleswig 1863-1864

1172 Politische Schriftstücke 1862-1863
Enthält: „Schleswig-Holsteinische Correspondenz“ des Grafen Baudissin; Druckschrift „Der Verein Schleswig-Holsteinischer Kampfgenossen zu Berlin“; Konzept der Verzichtleistung Herzog Christian Augusts zugunsten seines Sohnes Friedrich; tabellarische Übersicht über die Ereignisse vom 17. bis 31. Dezember 1863; Konzepte von Briefen an den dänischen König und an deutsche Fürsten; Aufsätze und Aufrufe

1173 Ansprache Herzog Friedrichs an die Schleswig-Holsteiner und Lauenburger sowie politische Notizen
November-Dezember 1863, April 1864

1174 Patriotische Gedichte 1863-1864 (1888, 1914)
Enthält u. a.: persönliche Sammlung einer Emmy Ruchmann, Hamburg, die sie 1863/64 als junges Mädchen zusammengestellt hat, sowie ein Buch mit ihren Abschriften von patriotischen Reden und Liedern mit Begleitschreiben an Herzog Ernst Günther, 1914

1175 Politische und private telegrafische Korrespondenz 1863-1865

1176 Verhältnis Herzog Friedrichs zum König von Preußen 1863-1869
Enthält: Abschriften der Korrespondenz mit König Wilhelm, Kronprinz Friedrich Wilhelm, Ministerpräsident von Bismarck, Landrat von Ahlefeldt (mit Verzeichnis der Briefe)

1177 Verhältnis Herzog Friedrichs zum König von Preußen 1863-1867
Enthält: Abschriften der Korrespondenz mit König Wilhelm, Ministerpräsident von Bismarck, Landrat von Ahlefeldt
Enthält u. a.: Aufzeichnung eines Gesprächs des Herzogs mit Bismarck und dem preußischen König vom 18. November 1863; Abschrift der Verzichtserklärung des Fürsten und der Fürstin von Noer auf die Erbfolge für ihre Kinder

1178 Denkschriften sowie politische Schriftstücke und Briefe 1864

1179 Staatsgrundgesetz und Wahlgesetz von 1848 1864
Enthält u. a.: statistisches Tabellenwerk zu Bevölkerungsverhältnissen und zu den Gütern

1180 Organisation des herzoglichen Staatsministeriums 1864

1181 Schleswig-holsteinische Stände 1864-1865

1182 Denkschriften sowie politische Schriftstücke und Briefe 1865
Enthält u. a.: dänische Adressen an Herzog Christian August wegen des Ankaufs von Gravenstein

1183 Erklärung des Herzogs Christian August zur Übertragung des Erbfolgerechts auf seinen Sohn Herzog Friedrich 1865

1184 Unterschriften der sogenannten Vierziger-Erklärung aus dem Herzogtum Schleswig 1865

1185 Unterschriften der sogenannten Vierziger-Erklärung aus dem Herzogtum Holstein 1865

1186 Briefe Herzog Friedrichs an Professor Ravit, Zeitungsausschnitte, Drucksachen und andere politische Schriften 1864-1866

1187 Politische Schriftstücke 1866
Enthält u. a.: Beiträge Dr. Heinrich Zoepfls zur Kritik des Rechtsgutachtens des Kronsyndikats für die Herzogtümer

1188 Politische Denkschriften nach Ausbruch des Krieges 1866

1189 Zeitungsausschnitte und Drucksachen, verschiedene Schriftstücke zu den politischen Ereignissen aus dem Nachlass der Prinzessin Caroline Amalie 1850, 1863-1873, 1900
Enthält u. a.: Sitzungsberichte des preußischen Abgeordnetenhauses und des Reichstages des Norddeutschen Bundes

1190 Politische Denkschriften und Aufzeichnungen Herzog Friedrichs 1866-1869

1191 Kabinettsjournal November 1863-Juni 1865

1192 Kabinettskorrespondenz von Rumohr 1864-1866
Enthält u. a.: Formulare für Benachrichtigungsschreiben; Weltausstellung in Paris; Auslagen; Notizen und Exzerpte; Verzeichnis der vom Herzog übernommenen Patenschaften

1193 Kabinettskorrespondenz von Rumohr März-April 1864
Enthält u. a.: Bittschriften; Adressen

1194 Kabinettskorrespondenz von Rumohr Mai-Juli 1864
Enthält u. a.: Bittschriften; Adressen

1195 Kabinettskorrespondenz von Rumohr September 1864
Enthält u. a.: Bittschriften; Adressen

1196 Kabinettskorrespondenz von Rumohr Oktober-Dezember 1864
Enthält u. a.: Bittschriften; Adressen

1197 Kabinettskorrespondenz von Rumohr Januar-März 1865
Enthält u. a.: Bittschriften; Adressen

1198 Kabinettskorrespondenz von Rumohr April-Juni 1865
Enthält u. a.: Bittschriften; Adressen

1199 Kabinettskorrespondenz von Rumohr Juli 1865
Enthält u. a.: Bittschriften; Adressen

1200 Kabinettskorrespondenz von Rumohr August-Dezember 1865
Enthält u. a.: Bittschriften; Adressen

1201 Kabinettskorrespondenz von Rumohr Januar-April 1866
Enthält u. a.: Bittschriften; Adressen

1202 Einladungen und Antwortschreiben 1865-1867

1203 Akten und Briefe des Geheim- und Staatsrats von Wydenbrugk Dezember 1863-Juni 1864

1204 Akten und Briefe des Geheim- und Staatsrats von Wydenbrugk Juli-Oktober 1864

1205 Akten und Briefe des Geheim- und Staatsrats von Wydenbrugk November 1864-April 1865

1206 Akten und Briefe des Geheim- und Staatsrats von Wydenbrugk Mai-Dezember 1865

1207 Akten und Briefe des Geheim- und Staatsrats von Wydenbrugk Januar-Juni 1866

1208 Abschriften der Briefe des Herzogs Karl von Schleswig-Holstein-Sonderburg-Glücksburg an Meyersahm 1864-1867

1209 Beschlagnahmung der Kriegsmaterials für die Schleswig-Holsteinische Armee und Liquidation der freiwillige Anleihe von 1863 1866-1873

1210 Proklamation vom Januar 1867 1867-1869
Enthält auch: Memorandum zur Dienstentlassung des Staatsrats Francke; Beschwerde des Kreisgerichts-Regierungsrats und früheren Gerichtshalters für die Güter Wandsbek, Wellingsbüttel und Marienthal Reimers, Altona über die Rechtsverletzungen bei der Trennung der Justiz von der Verwaltung

1211 Wahlen in Schleswig-Holstein 1867-1878
Enthält vor allem: Zeitungsartikel

1212 Wahlkandidatur des Dr. Julius Bärens in Kiel 1876-1879

1213 Schreiben des Herzogs Christian August an den preußischen Ministerpräsidenten Otto von Bismarck wegen des Titels „Herzog“ 1868

1214 Denkschriften und andere politische Schriften 1870-1878

1215 Rückgabe des dänischen Elefantenordens an Herzog Christian August 1872

1216 Schleswig-Holsteinischer Hilfsfonds 1875-1878

1217 Denkschriften Herzog Friedrichs über den Ausgleich mit Preußen 1878-1879

1222 Erinnerungen des Geheimrats Dr. Henrici aus den Jahren 1863 bis 1865 1891-1895
Enthält auch: Abschrift der Erinnerungen zum Jahr 1863 des Prinzen Christian Karl August, 1892

1223 Aktensammlung zum Verhältnis Herzog Friedrichs zu Preußen, auf Veranlassung des Herzogs Ernst Günther herausgegeben vom Archirat Dr. Hubertus Ermisch (1863-) um 1890
Enthält u. a.: zahlreiche Anlagen

1224 Aktensammlung zum Verhältnis Herzog Friedrichs zu Preußen, auf Veranlassung des Herzogs Ernst Günther herausgegeben vom Archirat Dr. Hubertus Ermisch (Abschrift) (1863-) um 1890

Akten der Herzoglich Schleswig-Holsteinischen Landesregierung 1863-1866

Departement der auswärtigen Angelegenheiten

1218 Zahlungsanweisungen und Quittungen des Departements der auswärtigen Angelegenheiten 1864

1963 Budgetentwurf 1864

1964 Budget des Departements der auswärtigen Angelegenheiten 1864

1219 Zahlungsanweisungen und Quittungen des Departements der auswärtigen Angelegenheiten 1865

1220 Zahlungsanweisungen und Quittungen des Departements der auswärtigen Angelegenheiten 1866

1225 Registrant des Departements der auswärtigen Angelegenheiten 1863-1864

1226 Registrant des Departements der auswärtigen Angelegenheiten 1865-1866

1227 Register zum Registranten des Departements der auswärtigen Angelegenheiten 1864

1228 Geheimer Registrant des Departements der auswärtigen Angelegenheiten 1863-1865

1229 Expeditionsjournal und Geheimer Registrant des Departements der auswärtigen Angelegenheiten 1864-1866

1230 Organisation der Regierung 1863
Enthält u. a.: Registraturordnung; Aufrufe

1231 Huldigungen und Adressen 1863-1865
Enthält u. a.: Huldigungen und Adressen aus dem Ausland

1232 Verzicht des Herzogs Christian August auf die Regierung der Herzogtümer 1863

1233 Anzeige des Todes des Königs Friedrich VII. von Dänemark und des Regierungsantritts Herzog Friedrichs an die deutschen Fürsten sowie Proklamationen 1863-1864

1234 Formulare des Departements der auswärtigen Angelegenheiten
Enthält u. a.: Adresse und Anrede auswärtiger Regierungen (1852) 1863

1235 Schriftstücke des Departements der auswärtigen Angelegenheiten (Miscellanea) 1863-1865

1236 Verhältnis der Herzogtümer Schleswig und Holstein zum Königreich Sachsen 1863-1864

1237 Korrespondenz zur Reise Herzog Friedrichs nach Holstein 1863-1864

1238 Anzeigen von Geburts- und Todesfällen sowie Gratulations- und Kondolenzschreiben 1864-1866

1239 Briefwechsel mit nichtdeutschen Fürsten 1863-1864

1240 Briefwechsel mit E. E. Crowe in London 1864-1865

1241 Briefwechsel mit dem Departement des Innern 1864

1242 Krieg im Herzogtum Schleswig 1864 1864

1243 Stimmenverhältnisse der deutschen Bundesstaaten hinsichtlich der Anerkennung Herzogs Friedrich 1864

1244 Verhältnis der Herzogtümer Schleswig und Holstein zum Königreich Bayern 1864

1245 Briefwechsel des Dr. Lorentzen 1864

1246 Denkschriften des Departements der auswärtigen Angelegenheiten 1864

1247 Verhältnis der Herzogtümer Schleswig und Holstein zum Kaiserreich Österreich 1864

1248 Erbfolge Herzog Friedrichs im Herzogtum Lauenburg 1863-1864

1249 Mitteilungen aus dem großherzoglichen Staatsministerium in Karlsruhe 1863-1865

1250 Beschlüsse der Ständeversammlungen der Herzogtümer Schleswig und Holstein und der Bevölkerung, Konferenzen zur Regelung der schleswig-holsteinischen Frage sowie Gesandtschaften 1864

Enthält u. a.: Berichte Professor Forchhammers aus London; Gesandtschaft des Fürsten von Löwenstein-Wertheim-Freudenberg zur Londoner Konferenz; Gesandtschaft des G. Martens nach London; Sendung des Dr. Lorentzen und des Grafen von Rantzau zur Londoner Konferenz

Darin: Karten des Herzogtums Schleswig mit Einzeichnung von Demarkationslinien, Wahlkreisen und der Sprachverhältnisse; ein Schlüssel

1251 Urkunden zur schleswig-holsteinischen Frage und zum Londoner Protokoll (1851) 1864

1252 Sammlung von Schriftstücken von Gegnern Herzog Friedrichs 1864

1253 Meinungsäußerungen der Bevölkerung im Herzogtum Schleswig über die Regierung und Abtrennung von Dänemark sowie über die Wiederangliederung eines Teils des Herzogtums an Dänemark 1864

1254 Schreiben von Lord Russell 1864

1255 Sitzungen des Ausschusses der Versammlung von Mitgliedern deutscher Landesvertretungen (Sechsunddreißiger-Ausschuss) in Frankfurt am Main 1864-1865

1256 Verhandlungen des Bundestages über die schleswig-holsteinische Erbfolgefrage 1863-1864

1257 Verhandlungen des Bundestages über die schleswig-holsteinische Erbfolgefrage sowie Briefwechsel mit dem Bundestagsgesandten des Großherzogtums Baden Freiherrn von Mohl in Frankfurt an Main 1864-1865

1258 Gesandtschaftsberichte des Grafen L. von Reventlow 1863

1259 Gesandtschaftsberichte des Grafen Hermann von Baudissin, insbesondere aus Stuttgart 1863-1864

1260 Gesandtschaftsberichte des Grafen Luckner, insbesondere aus Schwerin 1863
Enthält u. a.: Instruktion für die Gesandtschaft nach Schwerin

1261 Gesandtschaftsberichte des Hugo Jensen in Hamburg 1863

1262 Gesandtschaftsberichte des Geheimen Staatsrats von Wydenbrugk in Wien Dezember 1863-Februar 1864

1263 Gesandtschaftsberichte des Geheimen Staatsrats von Wydenbrugk in Wien Februar-Juli 1864

1264 Gesandtschaftsberichte des Geheimen Staatsrats von Wydenbrugk in Wien Juli-August 1864

1265 Gesandtschaftsberichte des Geheimen Staatsrats von Wydenbrugk in Wien August-September 1864

1266 Gesandtschaftsberichte des Geheimen Staatsrats von Wydenbrugk in Wien Oktober-Dezember 1864

1267 Gesandtschaftsberichte des Geheimen Staatsrats von Wydenbrugk in Wien Dezember 1864-März 1865

1268 Gesandtschaftsberichte des Geheimen Staatsrats von Wydenbrugk in Wien (1864) April-Mai 1865

1269 Gesandtschaftsberichte des Geheimen Staatsrats von Wydenbrugk in Wien Juni-August 1865

1270 Gesandtschaftsberichte des Geheimen Staatsrats von Wydenbrugk in Wien August-Dezember 1865

1271 Gesandtschaftsberichte des Geheimen Staatsrats von Wydenbrugk in Wien Januar-März 1866

1272 Gesandtschaftsberichte des Geheimen Staatsrats von Wydenbrugk in Wien März-Juni 1866

1273 Gesandtschaftsberichte des Geheimrats von Stockhausen in München 1863-1864
Enthält u. a.: Denkschrift zur Organisation des holsteinischen Bundeskontingents

1274 Gesandtschaftsberichte des Th. von Bernhardi in London 1863-1864

1275 Berichte des Konsuls Rosenberg in Wien über die schleswig-holsteinische Angelegenheit 1864-1865

1276 Gesandtschaftsberichte des Grafen Hermann von Baudissin aus Freiburg und München 1864

1278 Gesuche um Verleihung von Konsulaten 1863-1865

1279 Gesuche um Anstellung in schleswig-holsteinischen Diensten 1863-1865

1280 Eidesleistung der Beamten 1864

1281 Einwirkungen auf die Presse sowie Buchhändlerverträge, Zeitungsabonnements und Abonnements beim Telegrafenbüro 1863-1866

1282 Verlagsverträge mit der Schwersschen Buchhandlung in Kiel 1864

1283 Briefwechsel mit der Buchhandlung Hermann Hässel in Leipzig 1864-1865

1284 Briefwechsel mit Dr. Alfred Klauhold in Hamburg wegen einer Aktenpublikation zum Erbrecht Herzog Friedrichs 1864-1865

1285 Briefwechsel mit der Buchhandlung Schmorl & von Seefeld in Hannover 1864-1865

1286 Briefwechsel mit dem Buchhändler Adolph Lange in Darmstadt 1865-1866

1287 Briefwechsel mit der Buchhandlung F. A. Brockhaus in Leipzig 1864, 1866

1288 Briefwechsel mit Mussäus in Paris über seine literarischen Arbeiten zur schleswig-holsteinischen Frage 1863-1864

1289 Literarische Tätigkeit des Prof. Hälschner in Bonn zur schleswig-holsteinischen Frage 1863-1864

1290 Briefwechsel mit dem Geheimrat Michelsen über seine literarischen Arbeiten zur schleswig-holsteinischen Frage 1863-1864

1291 Briefwechsel mit dem Gesandten Edward Simon in Paris über Pressearbeit 1864-1866

1292 Vertrag mit Schoeler und Dr. Bamberger über ihre Pressearbeit in Frankreich sowie deren Berichte 1864-1865

1293 Gutachten des Prof. Zöpfl in Heidelberg über das Erbfolgerecht Herzog Friedrichs 1864

1294 Briefwechsel mit Dr. Hirsch in Hamburg, Prof. F. L. Weinmann in Liverpool und H. L. Blume in Hamburg über Pressearbeit 1864-1865

1295 Briefwechsel mit Prof. F. L. Weinmann in London über seine Pressearbeit 1866

1296 Literarische Tätigkeit des Kaufmanns Jakob Cahn in Manchester in der schleswig-holsteinischen Angelegenheit 1864

1297 Berichte E. de Lannoys in Frankfurt am Main über literarische Tätigkeiten 1864

1298 Briefwechsel mit Dr. Bamberger in Paris über seine literarische Tätigkeiten 1864

1299 Telegrafische Korrespondenz 1863-1866

1300 Literarische Tätigkeiten des Moritz Busch in Leipzig 1864-1865
Enthält auch: Schreiben eines Dr. Bernhard Endrulat an Dr. Lorentzen wegen seiner Tagesberichte

1301 Gegnerische Presse, Verleumdungen, Dementis und Entgegnungen 1865

1302 Literatur zur schleswig-holsteinischen Frage 1865

1303 Angebot des Dr. Siegfried Weiss in Paris für literarische Tätigkeiten 1865-1866

1304 Tätigkeiten des Korrespondenten Dr. W. Pieper in der auswärtigen Presse 1863-1864

1305 Briefwechsel mit dem Konsul von Sachsen-Meiningen und Inhaber der „Neuen freien Presse" in Wien Ferdinand Friedländer 1864

1306 Allgemeine Militärangelegenheiten 1864-1865
Darin: Karte der Herzogtümer mit Eintragungen der Standorte preußischer und österreichischer Militäreinheiten

1307 Reorganisation einer Schleswig-Holsteinischen Armee auf dem Gebiet deutscher Bundesländer 1863-1864

1308 Ausbildung eines schleswig-holsteinischen Truppenteils im Königreich Bayern 1863-1864

1309 Ausbildung eines schleswig-holsteinischen Truppenteils im Großherzogtum Baden 1863-1864

1310 Ausbildung eines schleswig-holsteinischen Truppenteils im Großherzogtum Sachsen-Weimar 1863

1311 Ausbildung eines schleswig-holsteinischen Truppenteils im Fürstentum Reuß jüngere Linie 1863

1312 Ausbildung eines schleswig-holsteinischen Truppenteils im Fürstentum Waldeck 1863

1313 Ausbildung eines schleswig-holsteinischen Truppenteils im Fürstentum Schwarzburg-Sondershausen 1863-1864

1314 Ausbildung eines schleswig-holsteinischen Truppenteils im Fürstentum Hessen-Darmstadt 1863

1315 Ausbildung eines schleswig-holsteinischen Truppenteils im Herzogtum Sachsen-Meiningen 1863

1316 Ausbildung eines schleswig-holsteinischen Truppenteils im Herzogtum Sachsen-Coburg und Gotha 1863

1317 Marineverhältnisse in den Herzogtümern 1864-1865
Enthält u. a.: Anzahl der von 1859 bis 1863 im Herzogtum Holstein ausgehobenen Seepflichtigen für die dänische Marine

1318 Bau eines Nord-Ostsee-Kanals und andere Kanalprojekte 1864-1865

1319 Ansprüche des Großherzogs von Oldenburg auf die Herzogtümer 1864

1320 Begründung des Erbfolgeanspruchs Herzog Friedrichs für die Bundesversammlung (1767) 1864-1866

1321 Ansprüche des Prinzen Friedrich Wilhelm von Hessen auf das Herzogtum Lauenburg (1851) 1864

1322 Zahlungsanweisungen und Kassenwesen des Departements der auswärtigen Angelegenheiten Band 1 1863-1864

1323 Zahlungsanweisungen und Kassenwesen des Departements der auswärtigen Angelegenheiten Band 2 1864

1324 Zahlungsanweisungen und Kassenwesen des Departements der auswärtigen Angelegenheiten Band 3 1864-1865

1325 Zahlungsanweisungen und Kassenwesen des Departements der auswärtigen Angelegenheiten Band 4 1865

1326 Zahlungsanweisungen und Kassenwesen des Departements der auswärtigen Angelegenheiten Band 5 1865-1866

1327 Zahlungsanweisungen und Kassenwesen des Departements der auswärtigen Angelegenheiten Band 6 1865-1866

1328 Budget und Finanzsachen des Departements der auswärtigen Angelegenheiten Juli-Dezember 1864

1329 Budget und Finanzsachen des Departements der auswärtigen Angelegenheiten Januar-Juni 1865

1330 Budget und Finanzsachen des Departements der auswärtigen Angelegenheiten Juli-Dezember 1865

1331 Budget und Finanzsachen des Departements der auswärtigen Angelegenheiten Januar-Juni 1866

1332 Finanzielle Abrechnung der Herzogtümer mit Dänemark vor dem Wiener Frieden 1864
Enthält u. a.: Gebietsausgleich; Pensionsverhältnisse

1333 Finanzverhältnisse der Herzogtümer 1864-1866
Enthält u. a.: Gebietsausgleich; finanzielle Auseinandersetzung mit Dänemark; Kriegskosten 1849-1852 und 1863/64; Pensionsverhältnisse

1334 Sammlung vaterländischer Altertümer in Flensburg sowie Landesarchive 1864-1865

1335 Schiffsflagge der Herzogtümer Schleswig und Holstein 1864-1865

1336 Bundesexekution und den Herzogtümern daraus entstandene Kosten 1863-1865

1337 Herzogliches Hausgesetz über die Regentschaft vom 27. Dezember 1863 1863

1338 Briefwechsel des Herzogs Friedrich mit dem König von Preußen 1863-1867

1339 Reise Herzog Friedrichs nach Berlin und Dolzig 1864

1340 Briefwechsel zwischen Herzog Friedrich und dem Kronprinzen von Preußen 1863-1865

1341 Briefe des Herzogs Friedrich an den preußischen Ministerpräsidenten Graf von Bismarck sowie Briefwechsel zwischen dem Herzog und dem Polizeimeister H. von Warnstedt in Stettin 1863-1864

1342 Briefwechsel Herzog Friedrichs mit dem preußischen Gouverneur im Herzogtum Schleswig Generalleutnant Edwin von Manteuffel 1865

1343 Mission des Landrats von Ahlefeldt in Berlin 1864-1865

1344 Briefwechsel zwischen Herzog Friedrich und Dr. Lorentzen in Berlin 1864-1865

1345 Verhältnis der Herzogtümer und Herzog Friedrichs zu Preußen 1865-1866

1346 Briefwechsel mit Ministern verschiedener deutscher Staaten 1865
Enthält: Staatsminister Beust in Sachsen; Staatsminister von Campe in Braunschweig; Freiherr von Dalwig in Darmstadt; Bürgermeister Duckwitz in Bremen

1347 Verhältnis der Herzogtümer und Herzog Friedrichs zum Großherzog von Oldenburg 1863-1864

1348 Konferenzverhandlungen in London: Briefwechsel mit dem Fürsten Löwenstein-Wertheim in London 1864

1349 Konferenzverhandlungen in London: Briefwechsel mit Dr. Lorentzen in London 1864

1350 Konferenzverhandlungen in London: Briefwechsel mit Graf von Rantzau in London 1864

1351 Konferenzverhandlungen in London: Briefwechsel mit Professor Forchhammer in London 1864

1352 Konferenzverhandlungen in London: Berichte des Bevollmächtigten des Deutschen Bundes Freiherr von Beust an die Bundesversammlung 1864

1353 Politischer Briefwechsel zwischen Herzog Friedrich und Prinz Christian Karl August, Prinz Friedrich Emil August (von Noer), Prinz Woldemar, Fürst und Fürstin von Hohenlohe-Langenburg und Herzog Karl von Schleswig-Holstein-Sonderburg-Glücksburg sowie anderen Verwandten 1863-1866

1354 Briefwechsel zwischen Herzog Friedrich und dem Erbprinzen von Reuss-Schleitz, Reise des Herzogs von Sachsen-Coburg und Gotha nach Paris, Berichte des Baron von Löwenfels an den Herzog von Sachsen-Coburg-Gotha, Brief Herzog Friedrichs VII. an Kaiser Napoleon III. von Frankreich sowie Briefwechsel mit verschiedenen deutschen Fürsten 1864-1865

Enthält auch: Briefe des Herzogs Christian August und des Prinzen Christian Karl August an Herzog Friedrich

1355 Briefwechsel zwischen Herzog Friedrich und deutschen Ministern sowie dem Bundeskommissar Freiherr von Könneritz 1864-1865

1356 Politischer Briefwechsel zwischen Herzog Friedrich und Oberst du Plat, Geheimrat Samwer, Dr. Lorentzen, dem Geheimen Staatsrat von Wydenbrugk, Freiherr von Stockhausen, Freiherr von Mohl, dem Ministerresidenten Dr. Geffken, Landrat von Ahlefeldt, Hugo Jensen und Graf C. von Rantzau 1864-1865

1357 Politischer Briefwechsel zwischen Herzog Friedrich und Mister Oliphant sowie General Grey 1864

1358 Politischer Briefwechsel Herzog Friedrichs mit verschiedenen Personen 1863-1865

1359 Denkschriften und Artikel Herzog Friedrichs, Beisetzung des Prinzen Friedrich Emil August (von Noer) und sein Testament 1864-1866

1360 Briefwechsel des Geheimrats Samwer: A 1863-1865

1361 Briefwechsel des Geheimrats Samwer: B 1863-1865

1362 Briefwechsel des Geheimrats Samwer: C und D 1863-1866

1363 Briefwechsel des Geheimrats Samwer: E und F 1863-1866

1364 Briefwechsel des Geheimrats Samwer: Ministerresident Dr. Geffken in Berlin 1863-1865

1365 Briefwechsel des Geheimrats Samwer: G und H 1863-1866

1366 Briefwechsel des Geheimrats Samwer: Dr. Hardeck in Karlsruhe und Monsieur Husson in Paris 1863-1866

1367 Briefwechsel des Geheimrats Samwer: H 1863-1866

1368 Briefwechsel des Geheimrats Samwer: J 1863-1866

1369 Briefwechsel des Geheimrats Samwer: K und L 1863-1866

1370 Briefwechsel des Geheimrats Samwer: L 1863-1866

1371 Briefwechsel des Geheimrats Samwer: M und N 1863-1866

1372 Briefwechsel des Geheimrats Samwer: O-R 1863-1866

1373 Briefwechsel des Geheimrats Samwer: Staatsminister des Großherzogtums Baden von Roggenbach 1863-1866
Enthält auch: verschiedene Papiere des Departements der auswärtigen Angelegenheiten

1374 Briefwechsel des Geheimrats Samwer: R und Sa 1863-1866

1375 Briefwechsel des Geheimrats Samwer: Sa-Se 1863-1866

1376 Briefwechsel des Geheimrats Samwer: Si-St 1863-1866

1377 Briefwechsel des Geheimrats Samwer: Geheimrat von Stockhausen und Baron von Stockmar 1863-1866

1378 Briefwechsel des Geheimrats Samwer: St-T 1864-1865

1379 Briefwechsel des Geheimrats Samwer: V 1863-1866
Enthält u. a.: Pläne des Weltausstellungsgebäudes in Paris

1380 Briefwechsel des Geheimrats Samwer: Regierungsrat von Warnstedt in Hannover und Prof. Weinmann 1863-1866

1381 Briefwechsel des Geheimrats Samwer: W. von Wasmer und Staatsminister des Großherzogtum Sachsen von Watzdorf in Weimar 1863-1864

1382 Briefwechsel des Geheimrats Samwer: W-Z 1863-1866
Enthält u. a.: privater Briefwechsel mit dem Prinzen Woldemar

1383 Briefwechsel zwischen Geheimrat Samwer und verschiedenen Personen 1863-1866

1384 Ständeversammlung ohne Jahr
Bemerkung: nur leerer Aktendeckel

1385 Presse 1864-1865

1386 Briefwechsel des Departements der auswärtigen Angelegenheiten mit Personen im Inland 1863-1865

1387 Notabelnversammlung, Unterordnung der Beamten, Allgemeines zu den inneren Angelegenheiten 1864-1865
Enthält u. a.: Entlassung des Amtmanns Thomsen in Husum; Manuskript des Aufsatzes „Die Schleswig-Holsteiner und Herzog Friedrich. Ein Rückblick“

1388 Chiffrierbücher für den Briefwechsel mit Gesandten und auswärtigen Ministern; Listen von Codewörtern [1864-1866]

1389 Verschiedenes, Originalkonzepte zu Drucksachen, Artikel der „Autographischen Frankfurter Correspondenz“, Ausschnitte aus englischen und französischen Zeitungen 1863-1866
Enthält u. a.: Protokoll zur Beratung über eine Teilung des Herzogtums Schleswig, Mai 1864

1277 Büro des Departements der auswärtigen Angelegenheiten 1864-1865

Departement des Krieges

1221 Kriegsdepartement: Budget, Uniformschnitte, Bestimmungen für Diäten, Reisegeld und Umzugskosten [1864-1865]

1390 Registrant des Departements des Krieges 1863-1866

1391 Register zum Registranten des Departements des Krieges 1863-1866

1392 Register zu Dienstangeboten [1864-1866]

1393 Berichte des Obersten du Plat an Herzog Friedrich VIII. 1863-1864

1394 Organisation der Herzoglich Schleswig-Holsteinischen Armee 1863-1864

1395 Formation der Kavallerie [1863-1864]
Bemerkung: nur leerer Aktendeckel

1396 Formation der Infanterie 1864

1397 Provisorisches Exerzierreglement für die Infanterie 1864

1398 Aushebung von Nationalpferden 1864-1865

1399 Reglement für die Zollgendarmerie 1864

1400 Verhandlungen mit der Regierung des Großherzogtums Baden wegen Formierung eines Teils des schleswig-holsteinischen Bundeskontingents auf badischem Gebiet sowie wegen des Kaufs von Waffen und Uniformen 1863-1864

1401 Kauf von Archivalien zur Arsenal- und Zeughausverwaltung in Rendsburg 1864

1402 Herausgabe von militärischen Staatseigentum der Herzogtümer durch Dänemark 1864

1403 An Dänemark 1852 ausgeliefertes Kriegsmaterial der ehemaligen Schleswig-Holsteinischen Armee 1864

1404 Beschaffung der Gelder für die Bewaffnung, Ausrüstung und Bekleidung des schleswig-holsteinischen Bundeskontingentes und für die Bürokosten des Departements des Krieges 1864-1865

1405 Militärische Budgets 1864-1866

1406 Rechnungen und Quittungen für das Departement des Krieges 1864-1865

1407 Rechnungen und Bücher über Einnahmen und Ausgaben beim Departements des Krieges 1864

1408 Zahlungsanweisungen an die Schleswig-Holsteinische Hauptkasse 1863

1409 Gehälter, Beförderungs- und Umzugskosten sowie Tagegelder, Versorgung und Pension, Wartegelder 1864

1410 Quartiergelder und Servis in der Herzoglichen Schleswig-Holsteinischen Armee (1809-) 1864

1411 Statuten der Militärwitwenkasse [1864]

1412 Hilfskasse für arme Unteroffiziere des ehemaligen Holsteinischen Infanterie-Regimentes und deren Witwen 1864

1413 Unterstützungen, Stiftungen, Geschenke 1864

1414 Unterstützungsgesuche von Militärpersonen 1864-1866

1415 Pensionen von Offizieren und Militärbeamten der ehemaligen Schleswig-Holsteinischen Armee und der Witwen und Waisen (1848) 1864

1416 Listen-, Kassen-, Rechnungs- und Bürowesen der Truppen 1864

1417 Naturalverpflegung und Fouragewesen (1852) 1863-1864

1418 Aushebungswesen (1848-) 1864

1419 Ausstattung mit Pferden (Remontierung) 1863-1864

1420 Verzeichnis der zum Departement des Krieges gehörigen Möbel, Bürosachen, Bücher, Karten und Probesachen 1864-1866

1421 Nachweisung der in Kiel, Neumünster und Altona lagernden Gegenstände des Departements des Krieges 1865

1422 Militärinventar 1865

1423 Reglements über Bekleidung und Ausrüstung der Herzoglich Schleswig-Holsteinischen Armee (1848-) ca. 1864

1424 Bekleidung: Lieferungen von Tuchen und Bekleidungsstücken
Enthält u. a.: Abrechnungsbuch mit dem Schneideramt in Altona 1863-1864

1425 Bekleidung: Beschaffung von Uniformtuch und Liefervertrag mit dem Fabrikanten J. Otto Meßtorff in Neumünster (1849-) 1864-1865

1426 Bekleidung: Bestand an und Verwendung von Tuch, Drillich, Leinen und Knöpfen 1864

1427 Bekleidung: Schuhe 1863-1864

1428 Bekleidung: Mützenmacher 1864

1429 Bekleidung: Schneidersaal 1864

1430 Bekleidung: Anschaffung von Waffenröcken, Hosen, Mützen und Halsbinden 1863-1864

1431 Abrechnung über die vom Department der Finanzen überwiesenen Gelder zur Anfertigung von Waffenröcken, Hosen und Mützen 1864-1865

1432 Bekleidung: Schneiderarbeiten für die Oberbekleidung 1864

1433 Beschaffung von Ausrüstungsgegenständen (1860-) 1863-1865
Darin: Preisliste der Armatur-Fabrik von Wilhelm Jäger, Elberfeld, 1860

1434 Ausrüstung der Kavallerie 1864

1435 Kassenbuch des Montierungsdepots 1864-1865

1436 Depotbuch 1864

1437 Zugang an Bekleidungsmaterialien [1864]

1438 Waffenangelegenheiten im Allgemeinen, Angebote über Handfeuerwaffen und Blankwaffen 1863-1864

1439 Anschaffung von schweren Geschützen zur Küstenverteidigung 1864

1440 Anschaffung von Artillerie-Geschirren 1864-1865

1441 Ankauf von Gussstahlkanonen mit Zubehör von der Zeughausdirektion in Braunschweig 1864

1442 Verhandlungen über den Ankauf von Geschützen vom Herzogtum Nassau und Großherzogtum Hessen 1864

1443 Wahl und Feststellung eines Artilleriebewaffnungs- und Ausrüstungsssystems sowie Beschaffung des Artilleriematerials 1863-1864

1444 Artilleriebewaffnung und -ausrüstung 1864

1445 Ankauf von Gussstahlgeschützen bei Krupp in Essen 1864-1866

1446 Lieferungen von Laffetten und Artilleriemunitionswagen durch die Wagenfabrikanten Schmieder und Mayer in Karlsruhe 1864-1866

1447 Anschaffung von Artilleriemunition 1864

1448 Anschaffung von Infanteriemunition und Munitionsgeräten 1864-1865

1449 Ankauf von Infanteriegewehren in Suhl und Lüttich 1864-1866

1450 Anschaffung von Pulver 1863-1864

1451 Angebote zum Kauf und Erprobung von Pulver und Munitionsgeräten 1863-1865

1452 Anschaffung von Gewehrriemen 1864

1453 Ankauf von Gewehren von der Zeughausdirektion in München 1863-1866

1454 Beschaffung von Zündnadelgewehren 1864

1455 Militärverwaltung der Festung Rendsburg sowie Ankauf von Gegenständen aus dem früheren Bestand des dortigen Arsenals 1864

1456 Militärgebäude und Arsenalwerkstätten in Rendsburg 1864

1457 Unterstützung der aus der dänischen Armee entwichenen Arsenalhandwerker in Rendsburg 1864

1458 Sanitätswesen 1863-1864
Enthält u. a.: Vorschläge zur Bildung von Sanitätskompanien

1459 Errichtung von Garnisonslazaretten 1864
Enthält nur: Konzept eines Schreibens des Obersten du Plat an Prof. Esmarch über die Übersendung eines Entwurfs zur Errichtung von Garnisonslazaretten

1460 Reglement für den ärztlichen Dienst und die Lazarettverwaltung sowie für die Garnisonslazarette [1864]

1461 Bemerkungen über das Militärjustizwesen der früheren Schleswig-Holsteinischen Armee, namentlich im Verhältnis zur preußischen Militärjustiz [1864]

1462 Errichtung von Gedenktafeln für die 1848-1850 gefallenen Soldaten der Schleswig-Holsteinischen Armee 1864
Enthält u. a.: Namensverzeichnis der Gefallenen

1463 Militärpersonal Band 1 1863-1864
Enthält vor allem: Dienstanerbietungen

1464 Militärpersonal Band 2 1863-1865
Enthält vor allem: Dienstanerbietungen

1465 Militärpersonal Band 3 1864
Enthält vor allem: Dienstanerbietungen

1466 Militärpersonal Band 4 1864
Enthält vor allem: Dienstanerbietungen

1467 Militärpersonal Band 5 (1861) 1864
Enthält vor allem: Dienstanerbietungen
Darin: Druckschrift „Report of the Board of Public Examiners in Literature and Sciences“, 1861; „The Cape of Good Hope Governement Gazette“ vom 19. April 1861

1468 Militärpersonal Band 6 1864-1866
Enthält vor allem: Dienstanerbietungen

1469 Militärpersonal Band 7 1863-1865
Enthält vor allem: Dienstanerbietungen
Enthält u. a.: Liste der Freiwilligen

1470 Militärpersonal Band 8 1863-1864
Enthält vor allem: Dienstanerbietungen

1471 Militärpersonal Band 9 1864
Enthält vor allem: Dienstanerbietungen

1472 Militärpersonal Band 10 1863-1864
Enthält vor allem: Dienstanerbietungen

1473 Militärpersonal Band 11 1863-1864
Enthält vor allem: Dienstanerbietungen

1474 Militärpersonal Band 12 1863-1864
Enthält vor allem: Dienstanerbietungen

1475 Militärpersonal Band 13 1863-1864
Enthält vor allem: Dienstanerbietungen

1476 Militärpersonal Band 14 1863-1864
Enthält vor allem: Dienstanerbietungen

1477 Militärpersonal Band 15 1863-1864
Enthält vor allem: Dienstanerbietungen

1478 Militärpersonal Band 16 1863
Enthält vor allem: Dienstanerbietungen

1479 Militärpersonal Band 17 1863
Enthält vor allem: Dienstanerbietungen

1480 Allgemeine Grundsätze bei Anstellung von Offizieren 1864

1481 Militärpersonal 1864
Enthält vor allem: Dienstanerbietungen
Enthält u. a.: Liste von Offizieren in Württemberg, die in die Schleswig-Holsteinische Armee eintreten möchten

1482 Listen über die zur Verfügung stehenden Offiziere der ehemaligen Schleswig-Holsteinischen Armee sowie der Offiziere auswärtiger Armeen [1864]

1483 Listen über sofort zur Verfügung stehende Offiziere und über zur Verfügung stehende Offiziere der ehemaligen Schleswig-Holsteinischen Armee 1864

1484 Listen über Offiziere außer Dienst, Unteroffiziere, Beamte, Ärzte, Tierärzte, Ingenieure und Handwerker, die sich zum Eintritt in die Herzoglich Schleswig-Holsteinische Armee gemeldet haben
Enthält u. a.: Listen der Personen nach Territorien 1863-1864

1485 Verzeichnis der im Jahr 1850 erfolgten definitiven Anstellung von Offizieren der Schleswig-Holsteinischen Armee [1864]

1486 Verzeichnis der Offiziere der ehemaligen Schleswig-Holsteinischen Armee ohne Jahr

1487 Listen und Stammblätter von Offizieren der ehemaligen Schleswig-Holsteinischen Armee, mitgeteilt von Oberst von Dau 1848-1852, 1864

1488 Listen über die zur Verfügung stehenden Freiwilligen sowie ehemaligen Unteroffiziere und Soldaten [1864]

1489 Freiwillige aus dem Großherzogtum Baden 1864-1865

1490 Stärke und Verteilung der preußischen und österreichischen Truppen in den Herzogtümern 1865-1866

1491 Etat der Bundestruppen 1858-1861

1492 Kriegsverfassung des Deutschen Bundes 1865

1493 Militärbudgets des Königreiches Bayern 1863

1494 Artikel der „Staats- und Gelehrten Zeitung des Hamburgischen unpartheiischen Correspondenten“ vom 1. Februar 1866 mit der Stärkeaufstellung des Bundeskontingentes aus Hamburg 1866

1495 Organisationsplan des Bundeskontingentes des Königreichs Württemberg 1863

1496 Vorschlag des Kriegsministers zu einem neuen dänischen Armeeplan und Nachweis über den möglichen Wert des dänischen Kriegsmaterials 1864

1497 Militärsachen 1846-1866
Enthält u. a.: Personalsachen; Bewaffnung und Ausrüstung; Militärverwaltung
Darin: Zeichnung einer Pontonbrücke

Departement des Innern

1498 Journal des Departements des Innern 1863-1866

1499 Namensregister zu den Akten des Departements des Innern 1864

1500 Registrant des Departements des Innern [1863]

1501 Hauptbuch des Departements des Innern 1864

1502 Kassenkontobuch des Departements des Innern 1864-1865

1503 Rechnungsbelege für die Ausgaben des Departements des Innern 1864

1504 Rechnungen und Belege 1865

1505 Finanz- und Rechnungssachen des Departements des Innern 1866

1506 Lageberichte: Herzogtum Schleswig 1864
Enthält u. a.: Verzeichnis der Korrespondenten in den Distrikten

1507 Lageberichte: Amt Apenrade 1864

1508 Lageberichte: Amt Apenrade 1864

1509 Lageberichte: Amt Hadersleben 1864

1510 Lageberichte: Amt Hadersleben 1864

1511 Lageberichte: Stadt Tondern 1864

1512 Lageberichte: Amt Tondern 1864

1513 Lageberichte: Herzogtum Schleswig 1863-1864

1514 Lageberichte: Alsen 1864

1515 Lageberichte: Stadt Schleswig 1864

1516 Lageberichte: Ämter Gottorf und Hütten, Landschaft Stapelholm, Kappelner Harde 1864

1517 Lageberichte: Stadt Flensburg 1864

1518 Lageberichte: Amt Flensburg 1864

1519 Lageberichte: Eckernförde 1864

1520 Lageberichte: Eckernförder Harde und Dänischwohlder Güterdistrikt 1864

1521 Lageberichte: Amt Husum 1864

1522 Lageberichte: Amt Bredstedt und Landschaft Eiderstedt 1864

1523 Lageberichte: Tönning 1864

1524 Presse 1863-1864

1525 Manuskripte von im Druck veröffentlichen Broschüren 1864

1526 Mitteilungen der Presse zur Charakterisierung der Verhältnisse in den Herzogtümern 1865-1866

1527 Verzeichnis der ein- und ausgegangenen Drucksachen 1864

1528 Autografierte Schreiben 1864

1529 Verzeichnis der Korrespondenten im Herzogtum Schleswig 1864

1530 Tätigkeiten des Departements des Innern 1864
Enthält u. a.: Personalsachen; Berichte

1531 Verhältnis des Departements des Innern zum Departement der auswärtigen Angelegenheiten 1864
Enthält u. a.: Übersicht über die Ausgaben des Departements der auswärtigen Angelegenheiten Februar-Juli 1864

1532 Verhältnis des Departements des Innern zum Departement der Finanzen 1864-1865
Enthält u. a.: Gagenzahlungen; Budgetgenehmigung

1533 Mitteilungen zu den politischen Verhältnissen aus dem Herzogtum Holstein und Hamburg 1864

1534 Vereinswesen in Schleswig-Holstein 1864

1535 Politische Berichte aus Kopenhagen 1864

1536 Korrespondenz mit der Landbevölkerung im Herzogtum Holstein
Enthält: Briefwechsel mit dem Hofbesitzer J. Rohwer in Holtdorf 1864

1537 Anstellungsgesuche 1863-1864

1538 Anstellungsgesuche 1864
Enthält u. a.: Verzeichnis der Stellensuchenden

1539 Gesuche 1863-1864
Enthält u. a.: Dienstanerbietungen; Unterstützungen; Bestätigung von Bestallungen

1540 Vorschläge und Dienstanerbietungen 1863

1541 Rechnungen, Quittungen und Unterstützungen 1863-1864

1542 Vereinssachen und politische Mitteilungen 1863-1864
Enthält u. a.: Schleswig-Holsteinische Vereine; Notizen über die Herzog Friedrich in Kiel eventuell zur Verfügung stehenden Räumlichkeiten

1543 Entschuldigungen und Erläuterungen von Beamten und Geistlichen über die verweigerte Huldigung für Herzog Friedrich oder Ablegung des Treueides auf König Christian IX. von Dänemark 1864

1544 Schreiben an das Departement des Innern 1863-1864
Enthält u. a.: Post; anonymes Gesuch um Entschädigung für Lorenz Karberg aus Apenrade, jetzt in Hamburg; Korpsbefehl des Kommandierenden Generals Prinz Friedrich Karl von Preußen

1545 Dänische Herrschaft im Herzogtum Schleswig (1851-) 1864

1546 Zweite Mission des Obersten von Fürsen-Bachmann 1864

1547 Meldungen von außerhalb der Herzogtümer lebenden Schleswig-Holsteinern 1863-1864

1548 Inländische Adressen und Resolutionen 1864-1865

1549 Adressen an die Ständeversammlung im Herzogtum Holstein und an den Deutschen Bund 1863-1864

1550 Geheimes Archiv 1864
Enthält vor allem: Adressen an den österreichischen Kommissar Freiherr von Lederer wegen der geplanten Interimsregierung

1551 Rechenschaftsbericht und Ausgaben des Departements des Innern 1864

1552 Vorarbeiten zu einem Staatsgrundgesetz 1864
Enthält auch: Pensionen für sogenannte vormärzliche Offiziere

1553 Politische Korrespondenz von Hugo Jensen 1864-1865

1554 Politische Korrespondenz von Hugo Jensen 1865-1866

1555 Pressebüro 1863-1864
Enthält u. a.: Verzeichnisse; Rechnungen

1556 Pressebüro 1864-1866
Enthält u. a.: Verzeichnisse der ein- und ausgegangenen Drucksachen; Abschriften von Zeitungsartikeln

1557 Verschiedene Angelegenheiten des Departements des Innern 1865-1866
Enthält u. a.: Mitteilungen von Hugo Jensen; Referate; Flugblätter; rechtliche Fragen

Departement der Finanzen

1558 Journal des Departements der Finanzen 1863-1866

1559 Rechnungsablage über Einnahmen und Ausgaben des Departements der Finanzen 1863-1866

1560 Abrechnung über die aus der herzoglichen Privatkasse ausgezahlten Vorschüsse 1864-1865

1561 Zahlungsanweisungen an die Schleswig-Holsteinische Hauptkasse, bei denen die Zahlung nicht direkt durch die Hauptkasse erfolgt ist 1864-1866

1562 Abrechnung mit dem Obersten von Fürsen-Bachmann über eine von ihm zu Landeszwecken ausgegebene Geldsumme 1864

1563 Abrechnung des Grafen L. von Reventlow mit Beilagen 1863-1865

1564 Allgemeine Finanzangelegenheiten 1864
Enthält u. a.: Rechnungsablage; Ausgabe von Staatspapiergeld

1565 Korrespondenz des Departements der Finanzen mit dem Departement des Innern 1864-1866
Enthält u. a.: Diäten und Bürokosten; Genehmigung der Budgets

1566 Korrespondenz des Departements der Finanzen mit dem Departement der auswärtigen Angelegenheiten 1864-1866
Enthält u. a.: Diäten und Bürokosten; Genehmigung der Budgets

1567 Korrespondenz des Departements der Finanzen mit dem Departement des Krieges 1864-1866
Enthält u. a.: Beschaffung von Ausrüstung; Budgetsachen

1568 Budget des Departements des Krieges mit Kostenvoranschlag über die Ausrüstung des Holsteinischen Bundeskontingents (1850) 1864
Enthält u. a.: Militäretat 1850

1569 Materialien zum Budget der Herzogtümer 1864-1866
Enthält u. a.: Verzeichnis der entlassenen und konstituierten Beamten

1570 Aufforderung zur Beteiligung an der freiwilligen Anleihe 1863

1571 Freiwillige Anleihe 1863-1866

1572 Freiwillige Anleihe 1863-1865

1573 Entgegennahme und Unterzeichnung von Schuldscheinen für die freiwillige Anleihe durch Major von Rathlev in Frankfurt am Main 1863

1574 Freiwillige Beiträge für die schleswig-holsteinische Angelegenheit 1863-1865

1575 Schleswig-Holsteinische Landesbank (1831-) 1864
Darin: Statuten verschiedener deutscher Banken

1576 Korrespondenz des Departements der Finanzen mit der Privatbank Gotha 1863-1866

1577 Korrespondenz des Departements der Finanzen mit der Coburg-Gothaischen Kreditgesellschaft in Coburg 1863-1865

1578 Korrespondenz des Departements der Finanzen mit dem Bankier Wilhelm Ahlmann in Kiel 1863-1866

1579 Korrespondenz des Departements der Finanzen mit J. Albert Varrentrapp in Frankfurt am Main 1863-1866

1580 Anschluss der Herzogtümer Schleswig und Holstein an den deutschen Zollverein 1864-1865

1581 Benutzung von Dampfschiffen zur Zollbewachung der Küsten der Herzogtümer 1864

1582 Korrespondenz des Departements der Finanzen mit der Geschäftsleitenden Kommission des Ausschusses der Versammlung von Mitgliedern der deutschen Landesvertretungen (Zentralausschuss) in Frankfurt am Main 1863-1864

1583 Berichte des Oberzollinspektorats für das östliche Holstein für 1863 1864

1584 Allgemeines Postwesen sowie Verschmelzung des Post- und Telegrafenwesens der Herzogtümer mit Preußen 1849-1853, 1865

1585 Beitritt zum deutsch-österreichischen Postverein 1864

1586 Oberpostamt in Hamburg (1768) 1849-1864

1587 Telegrafenwesen (1855-) 1864
Darin: Gesetzessammlung zum Telegrafenwesen in Herzogtum Sachsen-Coburg-Gotha; Dienstanweisungen für die telegrafische Korrspondenz auf den Linien des deutsch-österreichischen Telegrafenvereins

1588 Telegrafendepeschen 1863-1864

1589 Eisenbahnen im Herzogtum Schleswig (1852-) 1864-1865
Darin: gedruckte Statuten und Konzessionen zu den Eisenbahnen

1590 Münzwesen und Münze in Altona 1864-1865

1591 Schleswig-Holsteinischer-Kanal (Eiderkanal) (1857-) 1863-1864
Enthält u. a.: Denkschrift des Zollkassierers C. W. Ramme, Rendsburg, über die Schifffahrt auf dem Eiderkanal, 1863

1592 Kanal zwischen Nord- und Ostsee: Elbe–Eckernförde 1864-1865

1593 Kanal zwischen Nord- und Ostsee: Husum–Eckernförde 1864-1865

1594 Kanal zwischen Nord- und Ostsee: Brunsbüttel–Neustadt (1857-) 1864

Darin: verschiedene Druckschriften zum Projekt einer Kanalverbindung zwischen den Meeren, darunter eine französche Schrift von C. Hansen, New York, über einen Kanal zwischen Brunsbüttel und Neustadt; Karte über die Wracks rund um Großbritannien und Irland

1595 Kanal zwischen Nord- und Ostsee: Elbe–Kiel (1857-) 1864

Darin: Druckschrift mit Zusammenstellung der verschiedenen Kanalprojekte mit Karte

1596 Handel und Schifffahrt 1864-1865

1597 Navigationswesen 1864-1865

Enthält u. a. : Übersicht über Schiffsneubau und Schiffsreparaturen 1864

1598 Apanagen 1864

1599 Verkauf der ehemaligen Augustenburger Güter 1864

1600 Unterstützung von notleidenden Personen in Sonderburg und auf Alsen 1864-1865

1601 Steuerverhältnisse der Landschaft Sylt (1862) 1866

Enthält u. a.: Denkschrift über Deich-, Anwachs-, Dünen- und Uferdosierungsangelegenheiten, 1862

1602 Verpachtung der Austernbänke an der Westküste des Herzogtums Schleswig 1859

1603 Hypothekenkasse in Hadersleben (1819-) 1863-1865

1604 Materialien der Vermessung Schuhmachers sowie Organisation der Landwirtschaft in den Herzogtümern 1865

1605 Invalidenstiftung (1851-) 1864

1606 Herzog-Friedrich-Stiftung 1864-1865

1607 Landesbasar der Herzogtümer zugunsten einer Invalidenstiftung 1865

1608 Konsularvertretungen 1864-1865

1609 Korrespondenz mit dem Grafen L. von Reventlow während seines Aufenthaltes in Hamburg über Finanzangelegenheiten 1863

1610 Finanzielle Auseinandersetzung mit dem Deutschen Bund für 1849-1850 aufgewandte Kosten (1851) 1864

1611 Finanzielle Auseinandersetzung mit Dänemark 1864-1865

1612 Übersicht der im Herzogtum Schleswig zur Zahlung angewiesenen Zinsen für dänische Staatsobligationen 1864

1613 Dienstgesuche und Dienstanerbietungen (1851-) 1863-1864

1614 Angelegenheiten des Departements der Finanzen, besonders Unterstützungsgesuche 1863-1866

Enthält u. a.: Projekt zur Verbesserung der Schiffbarkeit der Stör bei Itzehoe, 1866

1615 Angelegenheiten des Departements der Finanzen 1863-1865

Enthält u. a.: Zolltarife; Berichte aus dem Herzogtum Schleswig; Obligationen; Büromaterial; Denkschrift zu den finanziellen Auswirkungen des Friedensschlusses; Schiffbarkeit der Stör bei Itzehoe

1616 Zeitungsartikel 1863-1864

1617 Drucksachen 1863-1864

Enthält u. a.: eingegangene freiwillige Beiträge für Schleswig-Holstein

1618 Ausgabebelege der Schleswig-Holsteinischen Hauptkasse Band 1 1863-1864

1619 Ausgabebelege der Schleswig-Holsteinischen Hauptkasse Band 2 1863-1864

1620 Ausgabebelege der Schleswig-Holsteinischen Hauptkasse Band 3 1864

1621 Ausgabebelege der Schleswig-Holsteinischen Hauptkasse Band 4 1864

1622 Ausgabebelege der Schleswig-Holsteinischen Hauptkasse Band 5 1864

1623 Ausgabebelege der Schleswig-Holsteinischen Hauptkasse Band 6 1864

1624 Ausgabebelege der Schleswig-Holsteinischen Hauptkasse Band 7 1864

1625 Ausgabebelege der Schleswig-Holsteinischen Hauptkasse Band 8 1864

1626 Ausgabebelege der Schleswig-Holsteinischen Hauptkasse Band 9 1864

1627 Ausgabebelege der Schleswig-Holsteinischen Hauptkasse Band 10 1864

1628 Ausgabebelege der Schleswig-Holsteinischen Hauptkasse Band 11 1864-1865

1629 Ausgabebelege der Schleswig-Holsteinischen Hauptkasse Band 12 1865

1630 Ausgabebelege der Schleswig-Holsteinischen Hauptkasse Band 13 1865

1631 Ausgabebelege der Schleswig-Holsteinischen Hauptkasse Band 14 1865

1632 Ausgabebelege der Schleswig-Holsteinischen Hauptkasse Band 15 1865

Schleswig-holsteinische Akten vom Juni bis September 1866

1633 Generalregistrant und Journal zu den schleswig-holsteinischen Akten 1866

1634 Korrespondenz mit dem Geheimen Staatsrat Francke 1866

1635 Korrespondenz mit Prof. Hänel 1866

1636 Korrespondenz mit Sekretär Griebel 1866

1637 Korrespondenz mit verschiedenen Personen in den Herzogtümern 1866

1638 Korrespondenz mit dem Geheimen Staatsrat von Wydenbrugk in Wien 1866

1639 Korrespondenz mit dem Bundestagsgesandten von Mohl in Frankfurt am Main 1866

1640 Korrespondenz mit Ed. Simon in Paris 1866

1641 Korrespondenz mit Prof. Weinmann in London 1866

1642 Korrespondenz mit dem Ministerresidenten Dr. Schleiden in London 1866

1643 Korrespondenz mit verschiedenen Personen in Berlin 1866

1644 Korrespondenz mit verschiedenen Personen in München, besonders mit dem bayerischen Minister für Äußeres von der Pfordten 1866

1645 Korrespondenz mit verschiedenen Personen in Karlsruhe 1866

1646 Allgemeine politische Stellung und Tätigkeit Herzog Friedrichs 1866

1647 Einzelne Angelegenheiten 1866
Enthält u. a.: telegrafische Depeschen; Berichte; Grundzüge eines Vertrages Herzog Friedrichs mit dem König von Bayern; Annexion der Herzogtümer

1648 Deckadresse für die Korrespondenz 1866

1649 Verkauf des in Baden lagernden herzoglichen Artilleriematerials 1866-1867

1650 Korrespondenz mit der Regierung im Königreich Württemberg 1866

1651 Korrespondenz mit der Regierung im Großherzogtum Hessen 1866

1652 Aufenthalt des Prinzen Christian Karl August und Dr. Lorentzens in Paris 1866

Vermögensverwaltung

1764 Budget des Erbprinzen Friedrich, Ausgaben für die Apanage, Hofhaltungsausgaben 1851-1870

1763 Kirchenfonds auf Alsen 1853-1879

2057 Geldangelegenheiten der Prinzessin Amalie 1879-1900
Enthält u. a.: Rechnungen; Kontenabrechnung
Darin: Foto als Gruppenporträt

1653 Herrschaft Dolzig: Bewirtschaftung und Hofhaltung 1857-1863
Darin: Lageplan des Gutes mit den Gebäuden; Preisliste der Eisenhütte und Emaillierwerkes Henriettenhütte bei Primkenau

1654 Herrschaft Dolzig: Kirchen- und Schulwesen sowie Kreis- und Gemeindesachen 1857-1863

1655 Privatrechnungen des Herzogs Friedrich 1860-1869

1656 Gewährte Darlehen 1864-1872, 1894

1657 Briefwechsel zwischen Hofrat Bahrt und Herzog Friedrich, der Königin Caroline Amalie von Dänemark und Prinz Christian Karl August über Vermögensverhältnisse und Einnahmen des Prinzen Friedrich Emil August (von Noer) 1865-1869

1658 Briefe an Polizeidirektor Hugo Jensen, besonders in Unterstützungsangelegenheiten 1867-1878

1659 Briefe an Polizeidirektor Hugo Jensen 1863-1866
Enthält u. a.: Briefe des Herzogs Christian August

1660 Verteilung der Zinsen des Landesbasarfonds durch die Invalidenstiftung in Altona sowie Ablieferung der Rechnungen und Dokumente durch den Geheimen Staatsrat Francke an Hugo Jensen 1868

1661 Darlehensforderungen aus der Hinterlassenschaft Herzog Christian Augusts 1869-1871 (1894)

1662 Geschäftskorrspondenz mit dem Haus Johann Caesar Godeffroy und Sohn in Hamburg und Rechtsanwalt G. Rendtorff in Kiel 1869-1879

1663 Von der Fürstin Marie von Noer verlangte Einkommensteuer 1870-1871

1664 Brief von Dr. Kircher in Meiningen an Herzog Friedrich wegen des Verkaufs von Juwelen 1874

1665 Verzeichnisse von Schmuck-, Silber- und Haushaltsgegenständen 1860-1878

1666 Jahresbilanzen zu den herzoglichen Finanzen sowie Instruktion des Herzogs Friedrich für den Hüttendirektor Susen 1855-1861, 1872

Fideikommisse

1668 Historisch-statistische Mitteilungen des Justizrats Börm über die herzoglichen Fideikommissgüter 1821

1669 Fideikommissstiftung über die Güter Noer und Grönwohld sowie Fideikommissobligationen 1810-1866

1670 Umschlag über Einnahme und Ausgabe (Fideikommissobligationen) 1849-1857

1671 Brief eines C. F. Jasper mit Entwurf eines Protestes gegen die Allodifikation des Anton-Güntherschen (Oldenburgischen) Fideikommisses 1843

1672 Fideikomissstiftung über die Güter Noer und Grönwohld 1854-1869

1673 Aufhebung der Güterfideikommisse über Noer und Grönwohld und Umwandlung in ein Geldfideikommis 1860

1674 Fideikommiss über Gut Noer 1868-1870

1675 Vereinbarungen zwischen Herzog Friedrich und Prinz Christian Karl August über das Fideikommiss über Gut Noer sowie zwischen Herzog Ernst Günther und Prinz Christan Karl August über Aufhebung des früheren Abkommens 1871, 1884

1676 Konzept einer Fideikommissstiftung über die Herrschaft Primkenau um 1866

1677 Fideikommissstiftung über die Herrschaft Primkenau 1866-1869

1678 Fideikommissstiftung über die Herrschaft Primkenau: Abschrift des Abkommens zwischen Herzog Christian August und seinen beiden Söhnen 1866

HERZÖGE ERNST GÜNTHER (1863-1921) UND ALBERT (1869-1931)

2065 Brief der Gräfin Clara von Baudissin im Namen des Kieler Kreises der Frauen und Jungfrauen an Prinzessin Auguste Vikoria anlässlich ihrer Hochzeit [1881]

2027 Verkauf des Grundstücks mit Wohnhaus in Gotha und Apanage 1874-1901

2013 Briefe an Herzog Ernst Günther 1880, 1910-1911, 1918

Enthält auch: Brief eines unbekannten Verfassers an einen Geheimrat, 1880

1759 Briefe der Herzogin Adelheid sowie von verwandten und anderen Fürstenhäusern an Herzog Ernst Günther 1882-1886

1679 Festzug bei der Vermählung der Prinzessin Caroline Mathilde mit dem Prinzen Friedrich Ferdinand von Schleswig-Holstein-Sonderburg-Glücksburg 1885

1722 Diebstahlsprozess gegen die Kammerfrau Anna Milewska 1901-1904

1721 Diebstahlsprozess gegen die Kammerfrau Anna Milewska 1903-1907

2015 Lohnforderungen der Hüttenarbeiter und Gehaltserhöhung für Ingenieur Müller 1907

2014 Brief des Herzogs Ernst Günther an den Oberpräsidenten von Schlesien wegen Vertretung der Herrschaft Primkenau im Kreisausschuss 1912

2055 Gutachten des Professors Erich Schmidt in Berlin über den Briefanhang zur Biografie Herzog Friedrich Christians II. von Dr. Hans Schulz 1912

1680 Herzogliche Familienbilder 1913-1921

Enthält u. a.: Übersendung von Bildern und Exponaten für Ausstellungen; Notizen über Bilder im Schloss Primkenau

1720 Militärischer Briefwechsel des Herzogs Ernst Günther im Ersten Weltkrieg sowie Kriegserinnerungen 1914-1918

1762 Grundrisszeichnung von Schloss Noer 1919
Ein Plan befindet sich auch in Abt. 402 A 93 Nr. 3

2016 Angebot für Tuchlieferung durch die Weberei Fischer und Fuchs in Altenburg 1926
Darin: Tuchproben

FAMILIENARCHIV NOER

Königin Caroline Mathilde von Dänemark (1751-1775)

1745 Schulhefte „Extracts from Rollin's Ancient History" der Königin Caroline Mathilde von Dänemark 1763

1772 Marktrechnungen in Celle 1772-1775

1853 Ausgaben des Kammerdieners Johann Mäntele aus der Privatkasse und für Gaderobe 1772-1775

1773 Hofhaltung der Königin Caroline Mathilde von Dänemark in Celle
Enthält u. a.: Klagesachen 1773-1774

1726 Rechnung über die Hofhaltung der Königin Caroline Mathilde von Dänemark in Celle 1773-1774

1727 Rechnung über die Hofhaltung der Königin Caroline Mathilde von Dänemark in Celle 1774-1775

1771 Aufstellungen und Berechnungen des Silberservices und des Leinenzeugs in Celle 1774-1779

1788 Administrationskassenrechnung über die Hinterlassenschaft der Königin Caroline Mathilde von Dänemark in Celle 1774-1786

1770 Nachlass der Königin Caroline Mathilde von Dänemark und ihre Bestimmungen für den Todesfall (1766, 1773) 1786-1800
Darin: Notenheft „The Country Dances for Her Majesty's Birthday", 1766

Herzogin Louise Augusta (1771-1843)

Familienangelegenheiten

1701 Aphorismen des Hofpredigers Dr. Germar über philosophische Themen [1812-1848]

2054 Verlobungs- und Heiratsvertrag zwischen Prinz Friedrich Christian und Prinzessin Louise Augusta von Dänemark mit Ausführungsakten 1780-1808

1735 Testament des Herzogs Friedrich Christian I. (Abschrift) 1783

1734 Konfirmation der dänischen Prinzessin Louise Augusta sowie Erinnerungen an ihren Besuch als Herzogin in Celle 1785, 1790

1739 Testament des Herzogs Friedrich Christian II. und Aufhebung der Vormundschaft der Herzogin Louise Augusta über ihre Söhne 1813, 1816, 1820

1740 Ehevertrag zwischen Kronprinz Christian von Dänemark und Prinzessin Caroline Amalie (Abschrift) 1815

1706 Glückwunschgedichte und Glückwunschreden für Herzogin Louise Augusta 1815-1845
Enthält auch: Glückwunschgedicht für Prinzessin Caroline Amalie anlässlich ihrer Hochzeit mit Kronprinz Christian von Dänemark

1717 Nachlass des Hofchefs Wulf Heinrich von Thienen 1816-1817

1699 Tod und Testament der Herzogin Louise Augusta (1834-) 1843
Enthält u. a.: Pensionsverzeichnisse; Deputatrechnungen

Briefwechsel

1738 Briefwechsel zwischen Herzog Friedrich Christian II. und seinen Kindern 1806-1808

1714 Korrespondenzprotokolle der Herzogin Louise Augusta 1816-1839

1957 Briefe des Prinzen Christian August, der Prinzessin Caroline Amalie und des Königs Friedrich VI. von Dänemark an Herzogin Louise Augusta 1808-1816

1958 Brief des Königs Gustav IV. von Schweden an Herzogin Louise Augusta 1812-1816
Enthält auch: ältere französische Briefe anderer Verfasser

1686 Briefe des Hofrats Andresen in Gravenstein an Herzogin Louise Augusta zum Kassen- und Rechnungswesen 1814-1817

1700 Briefe des Grafen von Rantzau an Herzogin Louise Augusta 1814-1824

1705 Briefe des Etatsrats Laurids Engelstoft an Herzogin Louise Augusta 1822-1842

1710 Briefe und Abrechnungen des Etatsrats Conrad Heinrich Donner in Altona an Herzogin Louise Augusta 1829-1831

1698 Briefwechsel zwischen Herzogin Louise Augusta und Hofchef Hugo von Buchwald 1830-1834

1743 Briefe des Etatsrats Nissen an Herzogin Louise Augusta wegen Brautschatzgeldern 1833-1838
Enthält auch: Briefe des Hofrats Bahrt an Herzogin Louise Augusta und der Herzogin an Prinz Friedrich Emil August (von Noer) wegen des Pensionsfonds

1684 Briefe des Kanzlers Kai Lorenz von Brockdorff an Herzogin Louise Augusta, insbesondere in Wirtschafts- und Finanzangelegenheiten 1814-1835

1956 Briefe von Privatpersonen an Herzogin Louise Augusta 1808-1841

Finanz- und Rechnungswesen

1795 Ausgaben-, Rechnungs- und Haushaltungsbuch 1768-1794

1952 Rechnungsbelege zur Hofhaltung der Herzogin Louise Augusta 1787-1843

1709 Hofhaltung der Herzogin Louise Augusta 1816-1835

1953 Privatkassenbuch der Herzogin Louise Augusta 1807-1837

1954 Privatkassenbuch der Herzogin Louise Augusta 1824-1841

1955 Haupt- und Hofhaltungskassenbuch der Herzogin Louise Augusta 1829-1843

1960 Quittungen zur Privatkasse der Herzogin Louise Augusta 1837-1838

1713 Rechnungen zur Reise der Herzogin Louise Augusta nach Oldesloe und Hamburg 1817-1818, 1827-1828

1741 Apanage für Prinzessin Henriette 1829

1728 Pensionsfonds 1794-1834
Enthält u. a.: Rechnungsbücher

1737 Verzeichnis der Obligationen der Herzogin Louise Augusta und des Pensionsfonds sowie Korrespondenz mit der Hauptkasse in Rendsburg 1817-1839

1736 Abrechnungen auf dem Umschlag in Kiel für Herzogin Louise Augusta und Prinz Friedrich Emil August (von Noer) 1806-1839
Enthält u. a.: Übersichten über Einnahmen und Ausgaben der Hofhaltungskasse der Prinzessin Louise Augusta

1742 Gelddokumente der augustenburgischen Fideikommissgüter 1791-1827

1787 Verwaltung der Augustenburger und Gravensteiner Güter durch Herzogin Louise Augusta für ihre Kinder 1814-1816

Prinz Friedrich Emil August (von Noer), 1865 Fürst von Noer (1800-1865)

Familienangelegenheiten

1724 Inventar der Kirche in Gettorf 1769

1689 Reisen und Reisekosten des Prinzen Friedrich Emil August (von Noer) 1828-1850

2000 Impfbescheinigung für den Prinzen Friedrich August (von Noer) und medizinische Rezepte für Prinz Friedrich Emil August (von Noer) und Prinzessin Louise (von Noer), augenärztliches Attest für den Grafen von Noer 1833, 1848, 1876
Darin: rotes Pulver (vermutlich Blutmittel)

1996 Abschrift des Taufscheins für Prinzessin Louise (von Noer) 1852

1951 Testamentarische Bestimmungen der Gräfin H. von Danneskiold-Samsøe, Schwiegermutter des Prinzen Friedrich Emil August (von Noer) (1835) 1843

1708 Erbmasse der Prinzessin Louise Christine Caroline 1816-1861

1703 Testamentarische Bestimmungen der Königin Caroline Amalie von Dänemark 1843-1881

1865 Notizen, Berichte und Mitteilungen zum Tod von Mitgliedern des Familienzweiges Noer 1858-1866

1792 Ordnung des Nachlasses von Anna Catharine Petrine Duchesne (1852-) 1862

1753 Verleihung des österreichischen Fürstentitels an den Prinzen Friedrich Emil August (von Noer) unter Verzicht auf seinen bisherigen Namen und Stand 1864-1865
Enthält: Kopien aus dem Österreichischen Staatsarchiv Wien, Faszikel IV B 1 Fürstenstand

1752 Über den Titel „Fürst von Noer“ 1865-1870

1828 Testament des Fürsten Friedrich Emil August und der Fürstin Marie von Noer 1864

1826 Testament des Prinzen Friedrich Emil August (von Noer) und dessen Eröffnung 1864-1865

1834 Erbregulierung und Erbteilung der Nachlassmasse des Prinzen Friedrich Emil August (von Noer) (1858-) 1865-1868

1827 Gerichtliches Einschreiten der Hardesvogtei in Eckernförde in die Nachlassmasse des Prinzen Friedrich Emil August (von Noer) 1865

1852 Regulierung und Teilung der Hinterlassenschaft in Paris 1866-1868

1848 Briefwechsel zwischen Hofrat Bahrt und Baron von Biel über das Testament des Prinzen Friedrich Emil August (von Noer) 1865-1866

1825 Überführung der Leichen des Prinzen Friedrich Emil August (von Noer) und der Prinzessin Henriette (von Noer) in die Familiengruft in Krusendorf 1865-1866

1811 Gedächtnisrede zur Beisetzung des Prinzen Friedrich Emil August (von Noer) und seiner Frau Prinzessin Henriette (von Noer) 1867
Enthält: 29 Druckexemplare

1829 Rücksendung der Orden 1866, 1868

Briefwechsel

Briefwechsel mit Mitgliedern des Hauses Schleswig-Holstein

1846 Kopiebuch für Privatkorrespondenz 1848-1849

1793 Briefe des Herzogs Friedrich Christian II. und der Herzogin Louise Augusta an Prinz Friedrich Emil August (von Noer) vor 1814, 1817

1702 Briefe des Prinzen Friedrich Emil August (von Noer) an Herzogin Louise Augusta 1810-1824

1744 Briefe der Herzogin Louise Augusta an Prinz Friedrich Emil August (von Noer) 1818-1842

1934 Briefe von Familienmitgliedern und Verwandten an Prinz Friedrich Emil August (von Noer) 1830-1846, 1860

1859 Geburtstagsglückwünsche und Briefe an den Prinzen Friedrich Emil August (von Noer) und die Prinzessin Henriette (von Noer) von ihren Kindern und dem Pflegesohn Bernhard 1842-1845
Enthält auch: Aufsatz des Prinzen Friedrich August (von Noer) über die Geschichte der Schifffahrt, 1845

1796 Briefe der Königin Caroline Amalie von Dänemark an den Prinzen Friedrich Emil August (von Noer) und die Prinzessin Henriette (von Noer) sowie an deren Sohn Friedrich August (von Noer) 1846-1864

1881 Briefe der Prinzessin Henriette (von Noer) an Prinz Friedrich Emil August (von Noer) 1848-1850

2004 Briefe des Prinzen Friedrich Emil August (von Noer) an Prinzessin Louise (von Noer) 1854-1864

1866 Briefe des Herzogs Friedrich an Prinz Friedrich Emil August (von Noer) 1856-1864

2024 Briefwechsel der Fürstin Marie von Noer ohne Jahr, 1865

Briefwechsel mit Mitgliedern anderer fürstlicher Häuser

1926 Briefe des Königs Christian VIII. von Dänemark an Prinz Friedrich Emil August (von Noer) 1841-1844

1867 Briefe des Königs Christian VIII. von Dänemark an Prinz Friedrich Emil August (von Noer) 1845-1847

1903 Briefe von Fürsten an Prinz Friedrich Emil August (von Noer): Prinz Wilhelm von Preußen, Herzöge Ernst I. und Ernst II. sowie Prinz Albert von Sachsen-Coburg und Gotha, Großherzog Friedrich von Baden, Prinz Friedrich von Dänemark, Prinz Emil von Holstein 1831-1864

1776 Briefe des Königs Ernst August von Hannover an Prinz Friedrich Emil August (von Noer) 1843-1848

1844 Briefe des Königs Friedrich Wilhelm IV. von Preußen an Prinz Friedrich Emil August (von Noer) 1844-1852

1750 Konzepte von Briefen des Prinzen Friedrich Emil August (von Noer) an König Christian VIII. von Dänemark und König Friedrich Wilhelm IV. von Preußen 1848

1777 Briefe des Prinzen Friedrich Emil August (von Noer) an Königin Viktoria von Großbritannien, Lord Byron und den Außenminister Lord Palmerston mit dessen Antwort 1849-1850

Briefwechsel mit Privatpersonen

1781 Briefe von Privatpersonen an Prinz Friedrich Emil August (von Noer) 1822-1859
Enthält auch: Dankesbrief des Vereins für die Erhaltung der Zwangsarbeitsanstalt in Schleswig für vom Prinzen dem Verein geschenktes Preisgeld

1791 Briefe des Agenten Holler in Carlshütte an Prinz Friedrich Emil August (von Noer) 1832-1834

1925 Briefe des Hauptmanns Stanley-Carr und seiner Frau an Prinz Friedrich Emil August (von Noer) 1832-1851

1841 Briefe des Eduard Birch an Prinz Friedrich Emil August (von Noer) 1833-1834

1749 Briefe eines Herrn Bille und des Kapitäns Michelsen an Prinz Friedrich Emil August (von Noer) über den Brand in Hamburg 1842

1746 Dankschreiben der Stadt Hamburg an Prinz Friedrich Emil August (von Noer) wegen seiner während des Stadtbrandes geleisteten Hilfe und Antwortschreiben des Prinzen 1843

1751 Briefe des Kabinettssekretärs Tillisch an Prinz Friedrich Emil August (von Noer) 1843-1844, 1856
Enthält auch: Brief eines Hufling oder Hafling an den Prinzen, 1856

1835 Briefe des Hofrats Bahrt an Prinz Friedrich Emil August (von Noer) 1843-1859

2052 Vorstellung des Projekts von Dr. Petersen zur Luftschifffahrt 1844

1840 Briefe des Kaufmanns Carl Theodor Arnemann in Altona an Prinz Friedrich Emil August (von Noer) 1845-1849

1929 Briefe an Prinz Friedrich Emil August (von Noer): Zellweger und Compagnie in Paris, Wilhelm Ahlmann, Langenbeck und Kohlhass, von Warnstedt 1848, 1853-1863

1838 Briefwechsel zwischen Prinz Friedrich Emil August (von Noer) und Karl Samwer 1848-1853, 1866

1780 Briefe des Johann Caesar Godeffroy in Hamburg an Prinz Friedrich Emil August (von Noer) 1851-1856

1855 Briefe des Pastors Lorentzen an Prinz Friedrich Emil August (von Noer) und Prinzessin Louise (von Noer) 1852-1860

1924 Briefe des Obersten du Plat, des Baron Biel und des Pastors Lorenzen an Prinz Friedrich Emil August (von Noer) 1852-1866

1928 Briefwechsel zwischen Hofrat Bahrt und Inspektor Koyen 1865-1866

1849 Korrespondenz des Hofrats Bahrt: Fürstin Marie von Noer, Herzog Christian August, Baron von Waechter 1865-1866

1850 Korrespondenz des Hofrats Bahrt wegen des Testamentes und des Nachlasses des Prinzen Friedrich Emil August (von Noer) 1865-1866

1851 Korrespondenz des Hofrats Bahrt mit der Prinzessin Louise, spätere Fürstin von Handjeri, Lorenzen und dem Grafen von Danneskiold-Samsøe in Testamentssachen 1865-1866

1847 Korrespondenz des Hofrats Bahrt: Fürstin Marie von Noer, Fürst Handjeri, Oberappellationsgerichtsrat von Zülow, Inspektor Koyen, Baron von Waechter, Advokat Rendtorff; C. F. Jasper 1845, 1866-1868

Veröffentlichungen, Studien

1718 Studienunterlagen und Vorlesungsmitschriften des Prinzen Friedrich Emil August (von Noer) 1818-1819

1812 Akademische Studien des Prinzen Friedrich Emil August (von Noer) ohne Jahr

1813 Diplome de Grand Croix de la Langue Française 1819

1815 Ernennung des Prinzen Friedrich Emil August (von Noer) zum Ehrenmitglied der Schleswig-Holstein-Lauenburgischen Gesellschaft für vaterländische Geschichte 1843

1754 Manuskriptteile zu den „Aufzeichnungen“ des Prinzen Friedrich Emil August (von Noer) 1848, vor 1861
Enthält auch: Briefe Carl Ewalds, Lorenzens und eines Aeendraus oder Andrans an den Prinzen, 1848

1766 Manuskript der „Aufzeichnungen“ des Prinzen Friedrich Emil August (von Noer) vor 1861

1789 Manuskript der „Aufzeichnungen“ des Prinzen Friedrich Emil August (von Noer) 1861

1868 Manuskript der Broschüre „Vorstellung zur Herstellung des Friedens in Europa“ mit Vorarbeiten ohne Jahr

1790 Manuskript zur Broschüre „Was ist der Adel?“ des Prinzen Friedrich Emil August (von Noer) ohne Jahr

Politische und militärische Tätigkeiten

2045 Aufsätze und Berichte von Offizieren zu militärischen Ereignissen 1848 ohne Jahr

1814 Militärische Laufbahn des Prinzen Friedrich Emil August (von Noer) 1814-1834

1691 Militärsachen des Prinzen Friedrich Emil August (von Noer) 1829-1849
Enthält u. a.: Denkschrift des Prinzen zur Einführung der allgemeinen Wehrpflicht

1690 Wahl des Prinzen Friedrich Emil August (von Noer) zum Abgeordneten der Ständeversammlung 1834 und der Landesversammlung 1848 1834-1849

1692 Politische Briefe, Abschriften und Exzerpte des Prinzen Friedrich Emil August (von Noer) zur Stellung des Hauses Augustenburg 1837-1857

1697 Reorganisation der dänischen Armee 1840-1842
Enthält u. a.: Entwurf zu einem Militärstrafgesetzbuch für das dänische Landmilitär

1716 Einrichtung des Prinzen Friedrich Emil August (von Noer) als Statthalter auf Schloss Gottorf 1841-1844

1768 Ernennung und Bestallung des Prinzen Friedrich Emil Augusts (von Noer) zum Statthalter und kommandierenden General (1834) 1842

1687 Tätigkeit des Prinzen Friedrich Emil August (von Noer) als Statthalter (1830, 1837) 1842-1846

Enthält u. a.: Berichte der Schleswig-Holsteinischen Regierung über die Ständeversammlungen wegen der Schullehrerwitwenkasse, Fabrik- und Industrieanlagen, Einrichtung der Gendarmerie; Schleswig-Holsteinisches Bankinstitut; Bau eines Dockhafens in Glückstadt

Darin: Karte zur Bedeichung der Außendeiche in Barsfleth, Hamwöhrden, Ketelsbüttel und Wöhrden

1688 Orden des Prinzen Friedrich Emil August (von Noer) (1841) 1843-1848, 1860, 1872

Darin: gedrucktes Patent zu den Statuten des Guelfen-Ordens, 1841

1696 Rücktritt des Prinzen Friedrich Emil August (von Noer) als Statthalter und kommandierender General 1846

Enthält u. a.: Adressen an den Prinzen, insbesondere aus Angeln

1758 Militärische Korrespondenz des Prinzen Friedrich Emil August (von Noer) 1848

1832 Briefe von Offizieren an Prinz Friedrich Emil August (von Noer) 1848

1833 Bildung einer Schleswig-Holsteinischen Armee (1846) 1848

1902 Briefwechsel zwischen Prinz Friedrich Emil August (von Noer) und der Provisorischen Regierung 1848

2044 Abschriften von Briefen des Professors Georg Waitz an die Provisorische Regierung April-Mai 1848

2048 Briefe des Generals von Krohn an Prinz Friedrich Emil August (von Noer) 1848

Enthält auch: einige Briefentwürfe des Prinzen an den General

2059 Aufrufe, Drucksachen, vervielfältigte Schreiben, Tafel mit „Schleswig-Holstein-Lied“ 1848-1851

1757 Kriegsberichte 1848-1851

1914 Briefe des Prinzen Albert von Großbritannien, englischer Politiker, Bonins und Niebuhrs zum Londoner Traktat und zur Erbfolgefrage sowie Briefe des Prinzen Friedrich Emil August (von Noer) an den dänischen König und sein Protest an den dänischen Reichstag
1848-1856, 1864

1959 Protest des Prinzen Friedrich Emil August (von Noer) gegen Herzog Christian August wegen Verkaufs der Güter und Verzicht auf die Erbrechte, Protest gegen den „Offenen Brief“, Korrespondenz über den Londoner Traktat 1848-1853, 1864

1712 Drucksachen, insbesondere zur Schleswig-Holsteinischen Erhebung
Enthält u. a.: Wahllisten 1848-1853, 1864

1730 Beschlüsse der Landesversammlung 1849-1850

1731 Dienstverhältnisse des Generals von Bonin 1849-1850

1732 Kriegs- und Armeeberichte 1850
Enthält u. a.: Briefe des von Geertz an General von Krohn

1733 Verfahren Lübecks gegen den Kommandeur Leutnant Lange des Dampfbootes „Von der Tann“ 1850

1729 Antrag Preußens auf einen Waffenstillstand 1850

1845 Notizen des Prinzen Friedrich Emil August (von Noer) zum Londoner Traktat 1852

1836 Verweigerte Audienz für den Prinzen Friedrich Emil August (von Noer) am englischen Hof 1853

1778 Briefwechsel des Prinzen Friedrich Emil August (von Noer) mit Lord Malmesbury wegen seiner Äußerung im Oberhaus 1853

1774 Politische Korrespondenz des Prinzen Friedrich Emil August (von Noer) 1853-1861
Enthält u. a. Briefe an den Kaiser Franz Joseph von Österreich und den Kaiser von Frankreich; Denkschrift zum Erbfolgerecht der Augustenburger in englischer Sprache

1779 Memorandum für Königin Viktoria von Großbritannien über die Bildung einer deutschen Legion und Antwortschreiben Prinz Alberts 1854

1839 Beziehungen zum kaiserlichen Hof in Paris 1855-1862

1831 Differenz mit dem Oberst von Fürsen-Bachmann über das Verhalten der Dragoner im Gefecht von Bau im April 1848 1861

1767 Begründung der Erbfolgeansprüche des Großherzogs Nikolaus Friedrich Peter von Oldenburg auf die Herzogtümer Schleswig und Holstein 1864

Gedruckt als: Beilage C zum Protokoll der 40. Sitzung der Deutschen Bundesversammlung (Bibliothekssignatur im Landesarchiv Schleswig-Holstein: E I 686)

1719 Reise schleswig-holsteinischer Ständeabgeordneter zur Londoner Konferenz 1864

Darin: zahlreiche Zeitungen
Aus dem Nachlass von Professor Behn

Vermögensverwaltung

1765 Briefe des Inspektors Koyen an Prinz Friedrich Emil August (von Noer) 1848-1864

1875 Abrechnung des Kassierers Vogtmann über Einnahmen und Ausgaben des Prinzen Friedrich Emil August (von Noer) 1856-1860

1870 Prinzenpalais in Schleswig (1851-) 1858-1859

Enthält u. a.: Einnahmen- und Ausgabenverzeichnisse; Verkauf an Kammerrat und Hausvogt Mohns, Schleswig

1863 Hausinventar von Noer 1862-1863

1901 Apanage für den Prinzen Friedrich Emil August (von Noer) aus dem Jahr 1824 1842-1865

1769 Einkünfte der Statthalterschaft (1762, 1771) 1842-1846

1874 Abrechnung des Kassierers Vogtmann über Einnahmen und Ausgaben des Prinzen Friedrich Emil Augusts (von Noer) für 1844 1845

2002 Belege zu den persönlichen Einnahmen und Ausgaben des Prinzen Friedrich Emil August (von Noer) 1848

1837 Obligationen auf das Dorf Grevensvænge 1836-1847

2069 Beschreibung und Ertragsrechnung des Gutes Lehmkuhlen 1825, nach 1850

1707 Kauf der Güter Noer und Grönwohld und Errichtung des Fideikommisses 1831-1838

1704 Tätigkeiten des Prinzen Friedrich Emil August (von Noer) als Gutsbesitzer 1846-1852
Enthält u. a.: Statuten der Liedertafel von Noer

2043 Bau- und Kostenanschlag für ein Remisengebäude auf Noer 1847
Ein Grundriss des Gebäudes befindet sich in Abt. 402 A 93 Nr. 8

1927 Briefe des Pächters Martens auf Gut Behrensbrook an Prinz Friedrich Emil August (von Noer) 1852-1864

1775 Aufhebung des Fideikommisses über die Güter Noer und Grönwohld 1853-1856
Enthält auch: Abschrift eines Briefes des Herzog Christian August an den dänischen Ordenskanzler wegen des Elefantenordens, 1856

1872 Bestrebungen des Prinzen Friedrich Emil August (von Noer) in der Pferdezucht 1828-1847

1871 Bestrebungen des Prinzen Friedrich Emil August (von Noer) in der Landwirtschaft 1832-1850
Enthält u. a.: Fruchtfolge auf den Gütern Noer und Grönwohld

1873 Bestrebungen des Prinzen Friedrich Emil August (von Noer) in der Jagd 1846-1864
Enthält u. a.: Jagd- und Reitvereine

1843 Anlage der Eisenbahn Kiel–Altona 1840, 1843
Darin: Grundriss der Stadt Kiel mit Streckenverlauf der geplanten Eisenbahn

1842 Beteiligung des Prinzen Friedrich Emil August (von Noer) an der Dampfschifffahrt auf der Schlei und am Schiff „Freya“ 1844-1847

Prinzessin Henriette (von Noer) (1806-1858)

1999 Briefe des Herzogs Christian August und der Herzogin Louise Sophie an Prinzessin Henriette (von Noer) 1837-1858

1882 Briefe der Prinzessin Henriette (von Noer) an Königin Caroline Amalie von Dänemark 1840-1858

1950 Briefe des Ziviladjutanten Bärens an Prinzessin Henriette (von Noer) und Herzogin Louise Sophie über die politische und militärische Lage 1848-1850

1880 Briefe des Prinzen Friedrich Emil August (von Noer) an Prinzessin Henriette (von Noer) 1848, 1854-1856

1998 Briefe von Privatpersonen an Prinzessin Henriette (von Noer) 1848-1858

1794 Briefe der Gräfin von Holck an Prinzessin Henriette (von Noer) 1853-1858

1830 Kondolenzbriefe zum Tod der Prinzessin Henriette (von Noer) 1858

Prinz Friedrich August (von Noer), ab 1870 Graf von Noer (1830-1881)

Familienangelegenheiten

2009 Konfirmation des Prinzen Friedrich August (von Noer) 1847

1760 Rechtsgutachten des Professors Heinrich Albert Zachariae in Göttingen zur Ebenbürtigkeit der Ehe eines Mitgliedes des deutschen Hochadels mit einer Bürgerlichen 1858

1938 Einladungen und Visitenkarten 1861-1881

1824 Beziehungen zur Fürstin Marie von Noer 1864-1874
Enthält vor allem: Abrechnungen

1806 Auseinandersetzung zwischen der Witwe und den Erben des Prinzen Friedrich Emil August (von Noer) über dessen Nachlass 1866

1947 Verhalten der preußischen Militärbehörden bei der Beisetzung des Prinzen Friedrich Emil August (von Noer) und der Prinzessin Henriette (von Noer) 1866-1867
Enthält u. a.: Briefe des Königs Wilhelm I. von Preußen und des preußischen Ministerpräsidenten von Bismarck

1819 Erbschaft von Graf Frederik Christian von Danneskiold-Samsøe für den Grafen Friedrich August von Noer (1866) 1869-1870
Enthält u. a.: Abschrift des Testamentes des Grafen von Danneskiold-Samsøe

2030 Geschäftsvisitenkarten und Rechnungen, insbesondere Hotelrechnungen 1869-1875

1803 Übertritt des Prinzen Friedrich August (von Noer) zum Grafenstand und Heirat mit Carmelita Eisenblat (1866-) 1870-1878

1823 Prozess über das Wittum der Fürstin Marie von Noer, jetzige Gräfin von Waldersee 1874-1875

1807 Beisetzung des Grafen Friedrich August von Noer 1881

1800 Nachruf von der Frau des Hofrats Feuerbach auf den Grafen Friedrich August von Noer 1881

1864 Beileidsschreiben zum Tod des Grafen Friedrich August von Noer und letzte Weihnachtsgeschenke seiner Kinder 1881

1897 Nachruf auf den Grafen Friedrich August in der „Kieler Zeitung" 1882

1915 Tod des Grafen Friedrich August von Noer 1882-1883
Enthält u. a.: Bericht über die letzten Tage des Grafen von seiner Frau Carmelita von Noer; telegrafische Depeschen an die Gräfin von Noer

1798 Bau der Grabstätte im Park von Schloss Noer 1882-1884
Darin: Grundrissskizze
Entwürfe für ein Mausoleum (ohne Ortsangabe) befinden sich auch in Abt. 402 A 93 Nr. 10

Briefwechsel

Briefwechsel mit Mitgliedern des Hauses Schleswig-Holstein

1913 Briefe des Prinzen Friedrich Emil August (von Noer) an Prinz Friedrich August (von Noer) 1848-1865

1887 Briefe der Prinzessin Henriette (von Noer) an Prinz Friedrich August (von Noer) 1848-1858

1895 Briefe des Prinzen Friedrich August (von Noer) an seine Eltern
Enthält u. a.: Briefe von der ersten Reise nach Indien 1848-1865

1888 Briefwechsel zwischen Prinz Friedrich August (von Noer) und Prinzessin Louise (von Noer) 1848-1866

2019 Glückwunschbriefe an den Grafen Friedrich August von Noer von seinen Töchtern Louise und Carmen 1879-1880

1883 Briefe des Prinzen Christian Karl August an Prinz Friedrich August (von Noer) 1844-1849

2068 Briefwechsel zwischen dem Grafen Friedrich August von Noer und Herzog Friedrich 1845, 1853, 1865, 1879
Enthält auch: Brief des Herzogs an die Gräfin Carmelita von Noer, 1879

1884 Briefe der Prinzessinen Caroline Amalie, Louise Augusta und Henriette an Prinz Friedrich August (von Noer) 1848-1849

1889 Briefe des Herzogs Karl, der Herzogin Wilhelmine und des Prinzen Julius von Schleswig-Holstein-Sonderburg-Glücksburg an Graf Friedrich August von Noer 1871-1880

1856 Briefe von Mitgliedern des Hauses Schleswig-Holstein an den Grafen Friedrich August von Noer 1842-1881
Enthält auch: Brief des Grafen an eine Nichte, 1881, und Brief an Herzog Christian August, 1858

Briefwechsel mit Mitgliedern anderer Fürstenhäuser

1894 Briefwechsel zwischen dem Grafen Friedrich August von Noer und Königin Caroline Amalie von Dänemark 1852-1880

1931 Briefe des Grafen und der Gräfin von Danneskiold-Samsøe an Prinz Friedrich August (von Noer) 1860-1873

2017 Briefe der Königin Caroline Amalie von Dänemark an den Grafen Friedrich August und die Gräfin Carmelita von Noer 1879-1881
Enthält u. a.: testamentarische Bestimmungen

2020 Brief des Grafen Friedrich August von Noer an König Christian IX. von Dänemark mit Bitte um Audienz 1881

1892 Briefe des Herzogs Ernst II. und der Herzogin Alexandrine von Sachsen-Coburg und Gotha an Graf Friedrich August von Noer (1853) 1861, 1870-1872
Enthält auch: Briefentwurf des Prinzen Friedrich August (von Noer) an Herzog Ernst, 1861

1854 Briefe der Fürsten Charles und Michael Handjeri an den Grafen Friedrich August von Noer 1865-1881

1893 Briefe der Königin Sophie von den Niederlanden an den Grafen Friedrich August von Noer 1866-1876
Enthält auch: Briefe von Rochhusen und Wackertin aus Amsterdam

1932 Briefe des Prinzen Napoleon an Graf Friedrich August von Noer 1866-1879

Briefwechsel mit Privatpersonen

2011 Arabische und indische Briefe und Texte ohne Jahr

1930 Briefe von Privatpersonen an Graf Friedrich August von Noer
Enthält u. a.: Verzeichnis der Korrespondenten 1846-1871

1939 Englische und französische Briefe des Grafen Friedrich August von Noer 1847-1880

1942 Englische und französische Briefe an den Grafen Friedrich August von Noer 1848-1881
Enthält u. a.: Briefe vom englischen Hof, darunter ein Brief der Königin Viktoria und des Prinzen Albert von Großbritannien
Enthält auch: deutsche Briefe des Dr. Rost vom Britischen Museum
Darin: Druckschrift „Description de la ville et de la terre de Chimay", 1856

1943 Englische Briefe an Prinz Friedrich August (von Noer) mit einigen Antwortentwürfen 1849-1859

2034 Briefe des Politikers und Orientalisten David Urquhart an den Prinzen Friedrich August (von Noer) 1851-1861
Enthält auch: undatierte Briefe sowie Briefe von Engländern an Urquhart
Darin: Druckschrift „New Hope for Poland" (gedruckte Briefe Urquharts zur Errichtung eines polnischen Staats)

1905 Briefe aus Indien an den Grafen Friedrich August von Noer 1851-1872

1935 Englische Briefe an den Grafen Friedrich August von Noer 1851-1877
Enthält: H. Holland, Douglas Hamilton, J. W. Kaye, Jones Allan und Oberst H. Duorey

1945 Englische Briefe an den Grafen Friedrich August von Noer 1851-1880

1997 Englische Briefe an den Grafen Friedrich August von Noer
Enthält: Herzogin von Roxburgh; Hamilton-Gray; Arthur Gordon 1851-1880

1891 Briefwechsel zwischen dem Grafen Friedrich August von Noer und dem Konservator am Britischen Museum Samuel Birch 1852-1872

2010 Deutsche Briefe und Briefkonzepte des Grafen Friedrich August von Noer 1858-1859, 1874-1880

1940 Briefwechsel zwischen dem Grafen Friedrich August von Noer und Professor Michel Amari und François Sabatier 1858-1880 (1882)

1944 Deutsche und dänische Briefe an den Grafen Friedrich August von Noer 1858-1881
Enthält u. a.: Briefe von Professoren aus Kiel

2032 Englische Briefe an den Grafen Friedrich August von Noer
Enthält auch: undatierte Briefe 1860-1881

1936 Briefe des Prinzen Friedrich Emil August (von Noer), des Prinzen Friedrich August (von Noer) und anderer Familienmitglieder an Professor Theodor Goldstücker in London 1861-1870

1896 Briefwechsel zwischen Graf Friedrich August von Noer und dem Architekten und Kunstgelehrten James Fergusson 1861-1881

1909 Briefe des Inspektors Koyen an Graf Friedrich August von Noer 1862-1882
Enthält auch: Briefe des Försters Hansen, des Advokaten Rendtorf sowie eines A. Langenbuchs und eines Bunes; Brief des Direktors des Zoologischen Museums Möbius, Kiel, an Inspektor Koyen

1818 Briefe des Professors für Sanskrit Theodor Goldstücker in London an Prinz Friedrich August (von Noer) 1864

2028 Briefwechsel zwischen dem Grafen Friedrich August von Noer und Hofrat Bahrt 1865
Enthält auch: zwei Briefe des Herzogs Christian August

1908 Briefe des Hofrats Bahrt an Prinz Friedrich August (von Noer) 1865-1869

2025 Deutsche Briefe und Briefentwürfe des Grafen Friedrich August von Noer 1865-1881

1948 Telegramme an den Grafen Friedrich August von Noer 1867-1869, 1881

1937 Briefe des Grafen Ernst von Schimmelmann, des Barons von Plessen und des Grafen von Reventlow-Altenhof an den Grafen Friedrich August von Noer 1870-1880

1857 Briefe des Dr. Wilhelm Tobias in Berlin an Graf Friedrich August von Noer 1872-1880

1858 Briefe des Grafen Friedrich August von Noer an Dr. Wilhelm Tobias 1872-1881

1890 Briefwechsel zwischen Graf Friedrich August von Noer und dem Professor für orientalische Sprachen Georg Hoffmann in Kiel 1875-1881

1941 Briefe an den Grafen Friedrich August von Noer 1877-1881
Enthält auch: Brief der Gräfin Gabriele von Plessen an die Gräfin von Noer
Darin: Foto des Friedrich Sieck, 1881

2053 Korrespondenz des Inspektors Koyen mit Privatpersonen
Enthält vor allem: Bitten um Besuche; Einladungen 1879, 1881

Veröffentlichungen, Studien, Reisen

1723 Unterrichtsplan für den Prinzen Friedrich August (von Noer) 1843

1860 Tagebuch des Prinzen Friedrich August (von Noer) über seine Land- und Seereise 1849-1850

1877 Reisepässe sowie Notizen, Erinnerungen und Briefe über die Reise nach Indien des Prinzen Friedrich Augusts (von Noer) 1851-1869, 1880

1885 Clubmitgliedschaften des Grafen Friedrich August von Noer in England 1852-1873

2041 Manuskripte von Veröffentlichungen, Drucksachen mit Artikeln, Exzerpte, bibliografische Notizen 1852-1876
Darin: „Royal Literary Fund", 1859; „Macmillian's Magazin", 1861, 1862, 1866

2042 Mitgliedschaft in wissenschaftlichen Gesellschaften, Benutzung wissenschaftlicher Bibliotheken 1853-1881
Enthält u. a.: Ernennungsurkunde des Grafen zum Mitglied der Deutschen Morgenländischen Gesellschaft, 1870

2021 Verleihung der Ehrendoktorwürde der Christian-Albrechts-Universität zu Kiel an den Grafen Friedrich August von Noer 1878
Enthält: Urkunde mit dänischer Übersetzung

1946 Briefe an Prinz Friedrich August (von Noer) über sein unter dem Pseudonym Onomander verfasstes Werk „Altes und Neues aus den Ländern des Ostens" und Rezensionen 1856-1860
Enthält u. a.: Briefe des Buchhändlers Mauke, Hamburg
Darin: Korrekturexemplar der Druckschrift „Altes und Neues aus den Ländern des Ostens, Band 1, von Onomander", Hamburg 1859

1685 Manuskript zum Buch des Grafen Friedrich August von Noer (Pseudonym „Onomander") „Altes und Neues aus den Ländern des Ostens" 1870

1715 Manuskript zum Buch „Kaiser Akbar. Ein Versuch zur Geschichte Indiens im 16. Jahrhundert" des Grafen Friedrich August von Noer [1875-1880]

1725 Manuskript zum Buch „Kaiser Akbar. Ein Vesuch zur Geschichte Indiens im 16. Jahrhundert" des Grafen Friedrich August von Noer [1875-1880]

1808 Herausgabe des Buches „Kaiser Akbar" (1875-) 1877-1886
Enthält u. a.: Verlagsvertrag; Kopien von Zeugnissen für Dr. Gustav von Buchwald über Ordnungs- und Verzeichnungsarbeiten an Urkunden der Ritterschaft und des Klosters Preetz

1898 Rezensionen zu Veröffentlichungen des Grafen Friedrich August von Noer 1881-1886
Darin: Abbildungen aus Indien

1904 Buchsendungen und Buchrechnungen 1861-1877

1820 Verkauf der alten Bibliothek [1874]

1861 Material aus dem Nachlass des Prof. für Sanskrit Theodor Goldstücker 1875

2064 Deutsche Zeitungen 1853-1856, 1876-1877
Enthält u. a.: Ausgaben der „Kieler Zeitung" mit kleineren Veröffentlichungen des Grafen Friedrich August von Noer unter dem Pseudonym „Onomander"

2063 Englisch- und französischsprachige Zeitungsartikel, Zeitungen und Zeitschriften 1855-1879
Enthält vor allem: Zeitungen aus Indien

Politische und militärische Tätigkeiten

1994 Briefe und Schriftstücke aus der Militärzeit des Prinzen Friedrich August (von Noer) 1848-1849

1899 Korrespondenz des Prinzen Friedrich Emil August (von Noer) und seines Sohnes Friedrich August während ihrer Zeit in London über die Erbfolgefrage 1853

2018 Korrespondenzen und Rechtswahrung des Prinzen Friedrich August (von Noer) zur Erbfolge (1853-) 1864
Enthält u. a: englischsprachige Korrespondenz; Drucksachen

Vermögensvewaltung

1995 Listen über geschossenes Wild im Jagddistrikt Behrensbrook und Noer 1853-1868

1821 Übertragung der Güter Noer und Grönwohld auf den Prinzen Friedrich August (von Noer) 1866

1816 Erbschaftssteuer und Folienumschreibung 1866

1817 Mobiliarauktion in Noer 1866

1805 Schuldentilgungen und Veränderung des Zinsfußes für Hypotheken 1867-1869

1804 Teilung der Noer-Hamburger Mobiliarmasse und Schlussabrechnung zwischen dem Prinzen Friedrich August (von Noer), der Fürstin Marie von Noer und der Fürstin Handjeri 1868

1822 Tätigkeiten des Herrn von Zülow als Generalbevollmächtigter des Prinzen Friedrich August (von Noer) (1856-) 1868-1869
Enthält u. a.: Beschreibung der Güter Noer, Grönwohld und Behrensbrook

1802 Vermögensänderungen des Prinzen Friedrich Emil August (von Noer) von 1854 bis 1869 1869

1801 Lebensversicherung sowie Berichtigung eines Legats an die East India Company und Einziehung einer Geldsumme von der Englischen Bank 1876, 1882-1883

Prinzessin Louise (von Noer) (1836-1866)

2066 Notizen aus dem Umkreis der Prinzessin Louise (von Noer) zu den wichtigsten Familienereignissen 1839-1858
Darin: Visitenkarten der Prinzessin

2005 Briefe von Verwandten an Prinzessin Louise (von Noer) 1848-1861

1949 Brief von Privatpersonen an Prinzessin Louise (von Noer) 1848-1865
Enthält u. a.: Briefe der Frau des Hofrats Feuerbach

2006 Briefe von Privatpersonen an Prinzessin Louise (von Noer)
Enthält vor allem: dänische Briefe 1853-1863
Enthält auch: Briefe mit nicht identifizierbaren Absendern

2012 Englische Briefe an Prinzessin Louise (von Noer) 1853-1865

2008 Briefe der Prinzessin Louise (von Noer) an Privatpersonen
Enthält u. a.: Briefe an Anna Hansen 1850-1858

2007 Briefwechsel zwischen Prinzessin Louise (von Noer) und Frederike Severin ohne Jahr, 1854-1858

1799 Ehevertrag zwischen Prinz Michael Handjeri und der Gräfin Louise von Noer 1865

Gräfin Carmelita von Noer (1848-1912)

Familienangelegenheiten

1747 Heimat- und Taufschein der Gräfin von Noer 1867-1870, 1909

1933 Gratulationsschreiben zur Konfirmation Carmens von Noer 1887

1786 Taufschein von Carmelita Louise von Noer, Vormundschaftsbestallung, Anzeige der Verlobung von Louise von Noer mit Prinz Charles Handjeri 1871, 1882, 1899
Darin: leeres Heft mit Aufschrift „Privat-Archiv“

1783 Heirat der Gräfin Louise von Noer mit dem Prinzen Charles Handjeri-Vlangali [1899]

Briefwechsel

2001 Korrespondenzen und Schriftstücke des Grafen Ernst von Rantzau, Ehemann der Gräfin Carmen von Noer 1870-1893, 1914
Enthält u. a.: Schulzeugnisse; Studiumsmitschriften; Notizen
Darin: Zeichnung des Ziegenberges von Ada Stockhausen, 1864; Foto mit Gruppenaufnahme, vermutlich aus der Schulzeit des Grafen, ca. 1890

1921 Briefe der Gräfin Lilli von Baudissin an die Gräfin Carmelita von Noer 1871-1876

1910 Briefwechsel der Gräfin Carmelita von Noer mit Königin Caroline Amalie von Dänemark 1871-1881

1917 Englische Briefe an die Gräfin Carmelita von Noer 1871-1893

1923 Briefe von schleswig-holsteinischen Adligen an die Gräfin Carmelita von Noer 1871-1893
Enthält auch: Briefe des Generals von Treskow und des Grafen von Pappenheim; Brief der Gräfin von Noer an einen ungenannten Grafen

1906 Briefe von Professoren an die Gräfin Carmelita von Noer 1872-1893

1912 Briefe von Erzieherinnen an die Gräfin Carmelita von Noer 1873-1882

1922 Briefe der Herzogin Wilhelmine von Schleswig-Holstein-Sonderburg-Glücksburg und des Fräulein von Levetzow an die Gräfin Carmelita von Noer 1873-1888

1918 Französische Briefe an die Gräfin Carmelita von Noer 1873-1891

1919 Deutsche Briefe an die Gräfin Carmelita von Noer 1873-1893

2023 Briefe der Gräfin Carmelita von Noer an ihre Kinder sowie Andenken an die Kinder 1875-1878
Darin: Trockenblumen; Haarlocken

1878 Briefe von Dr. Wilhelm Tobias in Berlin an Gräfin Carmelita von Noer 1875-1893

1916 Briefe der Inspektoren Koyen und Balle an die Gräfin Carmelita von Noer 1876-1893

1920 Briefe der gräflichen Familie von Schimmelmann an die Gräfin von Noer 1878-1888

1879 Briefe des Professors für orientalische Sprachen Georg Hoffmann in Kiel an Gräfin Carmelita von Noer 1878-1890

2022 Abschrift von Briefen der Annette Beveridge an Henry Beveridge mit Schilderung ihres Aufenthaltes in Noer 1886

1911 Briefe der Carmen von Noer an Gräfin Carmelita von Noer 1890-1893

Enthält auch: Brief der Gräfin Louise von Noer und einer Sandberger

2049 Postkartengrüße aus Italien an Gräfin Carmen von Noer und Prinzessin Louise von Handjeri geborene Gräfin von Noer 1907-1912

Veröffentlichungen

1907 Korrespondenz der Gräfin Carmelita von Noer über das von ihr herausgegebene Lebensbild des Grafen von Noer, Zeitungsbesprechungen zum Lebensbild sowie Druckexemplar mit Korrekturen (1860-) 1882-1887

Enthält auch: Briefe des Grafen Friedrich August von Noer an Alfred Maury, Paris, 1860-1881, sowie Briefe des Grafen an H. Holland, 1875-1881

1886 Briefe an die Gräfin Carmelita von Noer über das Buch „Kaiser Akbar“ 1882-1890

1993 Zeitungen 1885, 1894

1900 Manuskript des von der Gräfin Carmelita von Noer herausgegebenen Lebensbildes des Grafen Friedrich August von Noer sowie Briefabschriften als Material (1848-) 1886

Vermögensverwaltung

2031 Briefe ausländischer Banken an den Grafen Friedrich August von Noer und Steuersachen in Großbritannien 1852-1881

1782 Handjeri-Fonds (1857) 1857-1890

1869 Zollfreie Einfuhr der aus dem Nachlass der Frau Altmann stammenden Sachen 1876 (1903)

Enthält auch: Brief des Grafen Reventlow an einen Rechtsanwalt wegen des Reventlow-Moltkeschen Fideikommiss, 1903

1862 Privatvermögen der Gräfin Carmelita von Noer 1879-1890

1755 Regelungen nach dem Tod des Grafen Friedrich August von Noer sowie Aufhebung des Fideikommisses über die Güter Noer und Grönwohld (1838-) 1881-1891

Enthält u. a.: Prozess des Prinzen Christian Karl August gegen die Testamentsvollstrecker des Grafen von Noer

1761 Haus- und Hofinventar von Noer 1882

1784 Abschrift der Rechnung über den Handjeri-Fonds 1882-1911

1756 Kapitalforderung der verstorbenen Fürstin Louise Handjeri geborene Prinzessin von Augustenburg über 216.000 Mark (1865-) 1883-1890

Enthält u. a.: Ehevertrag zwischen dem Fürst Michel Handjeri und der Prinzessin, 1865

1810 Prozess des Prinzen Christian Karl August gegen die Testamentsvollstrecker des Grafen von Noer (1838-) 1884

Enthält u. a.: Testament des Grafen

1683 Prozess des Prinzen Christian in erster Instanz gegen die Testamentsvollstrecker des Grafen von Noer auf Herausgabe der Güter Noer und Grönwohld 1884-1886

Enthält u. a.: Handakte des Testamentsvollstreckers Oberlandgerichtsrat von Zülow über Instruierung und Leitung des Prozesses

1785 Unterlagen des Rechtsanwalts Dr. Brinkmann über den Prozess des Prinzen Christian Karl August gegen die Testamenstvollstrecker des Grafen von Noer 1884-1890

1809 Handakte des Rechtsanwaltes Dr. Brinkmann zum Prozess des Prinzen Christian Karl Augusts gegen die Testamentsvollstrecker des Grafen von Noer 1836-1889

1682 Prozess des Prinzen Christian in zweiter Instanz gegen die Testamentsvollstrecker des Grafen von Noer auf Herausgabe der Güter Noer und Grönwohld 1886-1890

1876 Veranlagung der Gräfin Carmelita von Noer zur Ergänzungssteuer 1893-1905

2051 Brief des Fischmeisters in Eckernförde an die Gutsverwaltung in Noer wegen eines angeblichen Fischereirechts in der Ostsee 1918

ALTE FINDMITTEL

2075 Findbuch Abt. 22 von Prof. Hubertus Ermisch 1889-2008

2074 Das Herzoglich Schleswig-Holsteinische Hausarchiv zu Primkenau in Schlesien. In: Die Inventare der nichtstaatlichen Archive Schlesiens, Kreis Sprottau (Codex Diplomaticus Silesiae Band XXXI). Hrsg. von Dr. Erich Grabe. Breslau 1925. 1925
Signatur des Bibliotheksexemplars: E I 1319

2072 Findmittel zu den politisch-militärischen Akten der Erhebungsbehörden 1848-1851 und der Herzoglich Schleswig-Holsteinischen Landesregierung 1863-1866 (Abt. 22 III EE und IV DD) [nach 1965], 2008

2073 Inventar des Familienarchivs Noer [um 1930], 1986, 2008

2071 Verzeichnis der 1932 vom Staatsarchiv Kiel erworbenen Augustenburger Akten 1933, 1952

URKUNDEN DER HERZÖGE VON SCHLESWIG-HOLSTEIN-SONDERBURG-AUGUSTENBURG

Findbuch der Urk.-Abt. 22

4 Vergleich der Söhne des Herzogs Alexander von Schleswig-Holstein-Sonderburg (verstorben 1627) über dessen Erbe
1633 Dezember 17
Ausfertigung, deutsch, Pergament, stark verfärbt und verhärtet, kaum lesbar, mit sieben Siegeln in Holzschalen, zum Teil beschädigt oder leer
Alte Signatur: Abt. 22 Nr. I F Nr. 2

2 Übernahme des Vorsitzes der Löblichen Fruchtbringenden Gesellschaft durch Herzog Wilhelm IV. von Sachsen-Weimar genannt der Schmackhafte Weimar, 1651 Mai 14
Ausfertigung, deutsch, Pergament, mit farbiger Wappenzeichnung des Hauses Sachsen
Alte Signatur: Abt. 22 Nr. I C Nr. 2

3 Wappenbrief des Kaisers Ferdinand III. für die Kinder des Elias Aichelberg Regensburg, 1653 Dezember 23
Ausfertigung, deutsch, Pergament, mit Bruchstücken des kaiserlichen Siegels an einer Goldschnur
Alte Signatur: Abt. 22 Nr. I C Nr. 3

5 Überweisung (assignatio) der Dompropstei zu Hamburg mit dazugehöriger Kurie an Herzog Friedrich Wilhelm von Schleswig-Holstein-Sonderburg-Augustenburg Hamburg, 1676 November 23
Ausfertigung, deutsch, Pergament, mit Siegel des Hamburger Domkapitels in Holzschale mit Deckel
Alte Signatur: Abt. 22 Nr. I F Nr. 4

6 Überweisung (possessio) der Dompropstei zu Hamburg mit dazugehöriger Kurie an Herzog Friedrich Wilhelm von Schleswig-Holstein-Sonderburg-Augustenburg Hamburg, 1676 November 23
Ausfertigung, lateinisch, Pergament, mit Siegel des Hamburger Domkapitels in Holzschale, Deckel fehlt
Alte Signatur: Abt. 22 Nr. I F Nr. 4

10 Statuten des Elefantenritterordens Kopenhagen, 1693 Dezember 1
Druck, dänisch und lateinisch, Papier, Libell in rotem Ledereinband mit Golddruck und Goldschnitt, 1 Siegel in Elfenbeinschale an rot-silbernen Schnüren
Alte Signatur: Abt. 22 Nr. I G Nr. 6

7 Verleihung des Elefantenordens durch König Friedrich IV. von Dänemark an Herzog Friedrich Karl von Schleswig-Holstein-Sonderburg-Plön Gottorf, 1730 August 24
Ausfertigung, lateinisch, Pergament, mit eigenhändiger Unterschrift des Königs Friedrich IV. von Dänemark
Alte Signatur: Abt. 22 Nr. I F Nr. 10

8 Verleihung des Elefantenordens durch König Friedrich IV. von Dänemark an Herzog Friedrich Christian I. von Schleswig-Holstein-Sonderburg-Augustenburg Christiansburg, 1749 Oktober 28
Ausfertigung, lateinisch, Pergament, mit eigenhändiger Unterschrift des Königs Friedrich IV. von Dänemark und großem Siegel in Elfenbeinschale an kunstvoll geflochtenen purpur-goldfarbenen Schnüren
Alte Signatur: Abt. 22 Nr. I G Nr. 6

9 Konfirmation des Plöner Erbfolgegesetzes durch Kaiser Franz I. Stephan 1761 März 5
Ausfertigung, deutsch, Pergament, Libell in rotem Samteinband und Goldschnitt, ein Siegel in Goldschale an goldener Schnur
Alte Signatur: Abt. 22 Nr. I D Nr. 4

11 Verleihung des Elefantenordens durch König Christian VII. von Dänemark an Herzog Friedrich Christian II. von Schleswig-Holstein-Sonderburg-Augustenburg Friedrichsburg, 1782 September 4
Ausfertigung, Pergament, lateinisch, mit farbiger Zeichnung des Elefantenordens, 1 Siegel in Elfenbeinschale an kunstvoll geflochtenen rot-silbernen Schnüren
Alte Signatur: Abt. 22 Nr. II A Nr. 10

1 Ehevertrag zwischen Prinz Wilhelm von Preußen – dem späteren Kaiser Wilhelm II. – und Prinzessin Auguste Viktoria von Schleswig-Holstein-Sonderburg-Augustenburg
Schloss zu Berlin, 1881 Februar 3
Ausfertigung, deutsch, Pergament, Libell in rotem Samteinband mit Golddruck und dazugehöriger Schmuckkassette, sechs Siegel in Silberschalen an silbernen Schnüren mit Quasten

13 Ehevertrag zwischen Prinz Friedrich Ferdinand von Schleswig-Holstein-Sonderburg-Glücksburg und Prinzessin Caroline Mathilde von Schleswig-Holstein-Sonderburg-Augustenburg und Erbverzichtserklärung der Prinzessin
Louisenlund und Primkenau, 1885 März 19
Ausfertigung, deutsch, Papier, Libell in rotem Samteinband, drei aufgedrückte Siegel
Alte Signatur: Abt 22 ung. Nr. 16

14 Verzichtserklärung der Prinzessin Luise Sophie von Schleswig-Holstein-Sonderburg-Augustenburg auf Erbansprüche bei ihrer Heirat mit dem Prinzen Friedrich Leopold von Preußen

Schloss zu Berlin, 1889 Juni 22

Ausfertigung, deutsch, Papier, Libell, zwei aufgedrückte Siegel, Schuber
Alte Signatur: Abt 22 ung. Nr. 16

12 Ehevertrag zwischen Prinz Friedrich Leopold von Preußen und der Prinzessin Luise Sophie von Schleswig-Holstein-Sonderburg-Augustenburg

Schloss zu Berlin, 1889 Juni 22

Ausfertigung, deutsch, Pergament, Libell in rotem Samteinband und dazugehöriger Schmuckkassette, vier Siegel in Silberschalen an silbernen Schnüren mit Quasten

KARTEN DER HERZÖGE VON SCHLESWIG-HOLSTEIN-SONDERBURG-AUGUSTENBURG

Findbuch der Abt. 402 A 93

11 Entwurf zum Umbau des Haupthofs Grönwohld Situationsplan
Zeichner: J. F. Jonas 1862

12 Entwurf zum Umbau des Haupthofs Grönwohld: Profile, Ansicht zum Hofplatz [1862]
Zeichner: J. F. Jonas

13 Bau einer Pächterwohnung mit Meierei-Einrichtung auf Hof Grönwohld: Grundriss ohne Jahr
Zeichner: J. F. Jonas

3 Grundrisse des Schlosses zu Noer: Erdgeschoss, Obergeschoss
M: 1:100 1919

1 Schloss zu Noer: Ansicht der Frontseite 1933
M: 1:200

2 1-3: Grundrisse des Schlosses zu Noer: Kellergeschoss, Erdgeschoss, 1. Obergeschoss 1933
M: 1:100

8 Remisengebäude auf Gut Noer: Ansicht, Profile, Grundriss 1847

4 Scheune auf Gut Noer: Grundriss [1847]

5 Scheune auf Gut Noer: Seitenansicht, Grundriss 1847

6 Scheune auf Gut Noer: Querprofil, Längenprofil 1847

7 Scheune auf Gut Noer: Giebelansicht, Querprofil 1847

9 Volierenturm auf Gut Noer: Ansicht, Grundriss 1847

10 1-4: Entwürfe für ein Mausoleum ohne Ortsangabe: Ansichten, Grundrisse, Schnitte 1882
siehe auch: Abt. 22 Nr. 1798

REGISTER

Personenregister

Sachregister

Ortsregister

KONKORDANZ ZUR ABT. 22 III D BIS V 5

alte Nummer	neue Nummer	alte Nummer	neue Nummer
III D 1a	593	III D 17a	636
III D 1b	594	III D 18	637
III D 1c	595	III D 19	638
III D 1d	596	III D 20	639
III D 1e	597	III D 21	640
III D 1f	598	III D 22 I-IV	641
III D 1g	599	III D 22 V-VIII	642
III D 1h	600	III D 23	643
III D 1i	601	III D 23b	644
III D 2a	602	III D 23c	645
III D 2b	603	III D 24	646
III D 2c	604	III D 24a	647
III D 3	605	III D 24b	648
III D 3a	606	III D 24c	649
III D 3b	607	III D 25	650
III D 3c	608	III D 25b	651
III D 3d	609	III D 26	652
III D 3e	610	III D 26b	653
III D 3f	611	III D 27.1	654
III D 4 Ia	612	III D 27.2	655
III D 4 Ib	613	III D 27b	656
III D 4 Ic	614	III D 28	657
III D 4 IIa	615	III D 28b	658
III D 4 IIb	616	III D 28c	659
III D 4 III	617	III D 28d	660
III D 4 IV	618	III D 28e	661
III D 4 V	619	III D 28f	662
III D 4 Vb	620	III D 29	663
III D 4 VI	621	III D 29a	664
III D 4 VII	622	III D 30	665
III D 5	623	III D 31	666
III D 6	624	III D 3b	667
III D 7	625	III D 32	668
III D 9	626	III D 32a	669
III D 10	627	III D 33	670
III D 11	628	III D 34	671
III D 12	629	III D 35	672
III D 13	630	III D 36	673
III D 14	631	III D 37	674
III D 15	632	III D 37a	675
III D 15a	633	III Ea 1	676
III D 16	634	III Ea 2	677
III D 17	635	III Ea 3I	678

alte Nummer	neue Nummer
III Ea 3 II	679
III Ea 3 III	680
III Ea 3 IV	681
III Ea 3 V	682
III Ea 3 VI	683
III Ea 3 VII	684
III Ea 4	685
III Ea 5 I-II	686
III Ea 5 III	687
III Ea 5 IV	688
III Ea 5 V	689
III Ea 6	690
III Ea 7	691
III Ea 8	692
III Ea 9	693
III Ea 10	694
III Ea 11	695
III Ea 12	696
III Ea 13	697
III Ea 14	698
III Ea 15	699
III Ea 16	700
III Ea 17	701
III Ea 18	702
III Ea 19	703
III Ea 20	704
III Ea 21	705
III Ea 22	706
III Ea 23	707
III Ea 24	708
III Ea 25	709
III Ea 26	710
III Ea 27	711
III Ea 28	712
III Ea 29	713
III Ea 30	714
III Ea 31	715
III Ea 32	716
III Ea 33	717
III Ea 34	718
III Ea 35	719
III Ea 36	720
III Ea 37	721
III Ea 38	722
III Ea 39	723
III Ea 40	724
III Ea 41	725
III Ea 42	726
III Ea 43	727
III Ea 44	728
III Ea 45	729
III Ea 46	730
III Ea 47	731
III Ea 48	732
III Ea 48b	733
III Ea 49 I	734
III Ea 49 II	735
III Ea 49 III	736
III Ea 50 I	737
III Ea 50 II	738
III Ea 51 I	739
III Ea 51 II	740
III Ea 51 III	741
III Ea 52	742
III Ea 53	743
III Ea 54	744
III Ea 55	745
III Ea 56	746
III Ea 57	747
III Ea 58	748
III Ea 59 I	749
III Ea 59 II	750
III Ea 60	751
III Ea 61	752
III Ea 62	753
III Ea 63	754
III Ea 64	755
III Ea 65	756
III Ea 66	757
III Ea 67	758
III Ea 68	759
III Ea 69	760
III Ea 70	761
III Ea 71	762
III Ea 72	763
III Ea 73	764

alte Nummer	neue Nummer	alte Nummer	neue Nummer
III Ea 74	765	III Eb 41	808
III Ea 75	766	III Eb 42	809
III Ea 76	767	III Eb 43	810
III Eb 1	768	III Eb 44	811
III Eb 2	769	III Ec 1	812
III Eb 3	770	III Ec 2	813
III Eb 4	771	III Ec 3	814
III Eb 5	772	III Ec 4	815
III Eb 6	773	III Ec 5	816
III Eb 7	774	III Ec 6	fehlt
III Eb 8	775	III Ec 7	818
III Eb 9	776	III Ec 8	819
III Eb 10	777	III Ec 9	820
III Eb 11	778	III Ec 10	821
III Eb 12	779	III Ec 11	822
III Eb 13	780	III EE 1	823
III Eb 14	781	III EE 2	824
III Eb 15	782	III EE 3	825
III Eb 16	783	III EE 4	826
III Eb 17	784	III EE 5	827
III Eb 18	785	III EE 6	828
III Eb 19	786	III EE 7	829
III Eb 20	787	III EE 8	830
III Eb 21	fehlt	III EE 9	831
III Eb 22	789	III EE 10	832
III Eb 23	790	III EE 11	833
III Eb 24	791	III EE 12	834
III Eb 25	792	III EE 13	835
III Eb 26	793	III EE 14	836
III Eb 27	794	III EE 15	837
III Eb 28	795	III EE 16	838
III Eb 29	796	III EE 17	839
III Eb 30	797	III EE 18	840
III Eb 31	798	III EE 19	841
III Eb 32	799	III EE 20	842
III Eb 33	800	III EE 21	843
III Eb 34	801	III EE 22	844
III Eb 35	802	III EE 23	845
III Eb 36	803	III EE 24	846
III Eb 37	804	III EE 25	847
III Eb 38	805	III EE 26	848
III Eb 39	806	III EE 27	849
III Eb 40	807	III EE 28	850

alte Nummer	neue Nummer	alte Nummer	neue Nummer
III EE 29A	851	III EE 43a	894
III EE 29B	852	III EE 43b	895
III EE 29C	853	III EE 43c	896
III EE 29D	854	III EE 44a	897
III EE 29E	855	III EE 44b	898
III EE 29F	856	III EE 45	899
III EE 29G	857	III EE 46	900
III EE 29H	858	III EE 47	901
III EE 29I	859	III EE 48	902
III EE 29K	860	III EE 49	903
III EE 29L	861	III EE 50	904
III EE 29M	862	III EE 51	905
III EE 29N	863	III EE 52	906
III EE 29O	864	III EE 53	907
III EE 29Q	865	III EE 54	908
III EE 29R	866	III EE 55	909
III EE 29S	867	III EE 56	910
III EE 29T	868	III EE 57	911
III EE 29U	869	III EE 58	912
III EE 29V	870	III EE 59	913
III EE 29W	871	III EE 60	914
III EE 29X	872	III EE 61	915
III EE 29Y	873	III EE 62	916
III EE 29Z	874	III EE 63	917
III EE 29AA	875	III EE 64	918
III EE 29CC	876	III EE 65	919
III EE 29DD	877	III EE 66	920
III EE 29EE	878	III EE 67	921
III EE 29GG	879	III EE 68	922
III EE 29JJ	880	III EE 69	923
III EE 30	881	III EE 70	924
III EE 31	882	III EE 71	925
III EE 32	883	III EE 72	926
III EE 33	884	III EE 73	927
III EE 34	885	III EE 74	928
III EE 35	886	III EE 75	929
III EE 36	887	III EE 76	930
III EE 37	888	III EE 77	931
III EE 38	889	III EE 78	932
III EE 39	890	III EE 79	933
III EE 40	891	III EE 80	934
III EE 41	892	III EE 81	935
III EE 42	893	III EE 82	936

alte Nummer	neue Nummer	alte Nummer	neue Nummer
III EE 83	937	III F 14 III	980
III EE 84	938	III F 15	981
III EE 85	939	III F 16	982
III EE 86	940	III F 17	983
III EE 87	941	III F 18	984
III EE 88	942	III F 19	985
III EE 89	943	III F 20	986
III EE 90	944	III F 21	987
III EE 91	945	III F 22	988
III EE 92	946	III F 23	989
III EE 93	947	III F 24	990
III EE 94	948	III F 25	991
III EE 95	949	III F 26	992
III EE 96	950	III F 27	993
III EE 97	951	III F 28	994
III EE 98	952	III F 29	995
III EE 99	953	III F 30	996
III EE 100	954	III F 31	997
III EE 101	955	III F 32	998
III EE 102	956	III F 33	999
III EE 103	957	III F 34	1000
III EE 104	958	III F 35	1001
III EE 105	959	III F 36	1002
III EE 106	960	III F 37	1003
III EE 107	961	III F 38	1004
III EE 108	962	III F 39	1005
III EE 109	963	III F 40	1006
III F 1	964	III F 41	1007
III F 2	965	III F 42	1008
III F 3	966	III F 43	1009
III F 4	967	III F 44 I	1010
III F 5	968	III F 44 II	1011
III F 6	969	III F 44a	1012
III F 7	970	III F 45	1013
III F 8	971	III F 46	1014
III F 9	972	III F 47 I	1015
III F 10	973	III F 47 I	1017
III F 11 I-IV	974	III F 47 II	1016
III F 11 V-VII	975	III F 48	1017
III F 12	976	III F 49	1018/1019
III F 13	977	III F 50	1020
III F 14 I	978	III F 51	1021/1022
III F 14 II	979	III F 52	1023/1024

alte Nummer	neue Nummer	alte Nummer	neue Nummer
III F 53	1025/1026	IV A 7	1072
III F 53a	1027	IV A 8	1073
III F 54	1028/1029	IV B 1	1074
III F 55	1030-1032	IV B 2	1075
III F 56	1033	IV B 3	1076
III F 57	1034	IV B 4	1077
III F 58	1035	IV B 5	1078
III F 59	1036	IV B 6	1079
III F 61	1037	IV B 7	fehlt
III F 62	1038	IV B 8	1080
III F 63	1039	IV B 9	1081
III F 64	1040	IV B 10	1082
III F 65	1041	IV B 11	1083
III F 66	1042	IV B 12	1084
III F 67	1043	IV B 13	1085
III F 68	1044	IV B 14	1086
III F 69	1045	IV B 15	1087
III F 70	1046	IV B 16	1088
III F 71	1047	IV B 17	1089
III F 72 I	1048	IV B 18	1090
III F 72 II	1049	IV B 19	fehlt
III F 73	1050	IV B 20	1091
III F 74	1051	IV B 21	1092
III F 75 I	1052	IV B 22	1093
III F 75 II	1053	IV B 23	fehlt
III F 75 III	1054	IV B 24	1094
III F 76	1055	IV B 25	1095
III F 77	1056	IV B 26	1096
III F 78	1057	IV B 27	1097
III F 79	1058	IV B 27a	1098
III F 80	1059	IV B 28	1099
III F 81 I	1060	IV B 29	1100
III F 81 II	1061	IV B 30	1101
III F 81 III	1062	IV C 1	1102
III F 81 IV	1063	IV C 2	1103
III F 81 V	1064	IV C 3	1104
IV A 1	1065	IV C 4	fehlt
IV A 2	1066	IV C 5	1105
IV A 3 I	1067	IV C 6	1106
IV A 3 II	1068	IV C 7	1107
IV A 4	1069	IV C 8	1108
IV A 5	1070	IV C 9	1109
IV A 6	1071	IV C 10	1110

alte Nummer	neue Nummer
IV C 11	1111
IV C 12	1112
IV C 13	1113
IV C 14	1114
IV C 15	1115
IV C 16	1116
IV C 17	1117
IV C 18	1118
IV C 19	1119
IV C 20	1120
IV C 21	1121
IV C 22	1122
IV C 23	1123
IV C 24	1124
IV C 25	1125
IV C 26	1126
IV C 27	1127
IV C 28	1128
IV C 29	1129
IV C 30	1130
IV C 31	1131
IV C 32	1132
IV C 33	1133
IV C 34	1134
IV C 35	1135
IV C 36	1136
IV C 37	1137
IV C 38	1138
IV C 39	1139
IV C 40	1140
IV C 41	1141
IV C 41a	1142
IV C 41b	1143
IV C 42	1144
IV C 43	1145
IV C 44	1146
IV C 45	1147
IV C 46 I	1148
IV C 46 II	1149
IV C 46 III	1150
IV C 46 IV	1151
IV C 47	1152
IV D 1	1153

alte Nummer	neue Nummer
IV D 1a	1154
IV D 2	1155
IV D 3	1156
IV D 4	1157
IV D 5	1158
IV D 6	1159
IV D 6a	1160
IV D 6b	1161
IV D 7	1162
IV D 8	1163
IV D 9	1164
IV D 10	1165
IV D 10a	1166
IV D 10b	1167
IV D 10c	1168
IV D 10d	1169
IV D 10e	1170
IV D 10f	1171
IV D 11	1172
IV D 11a	1173
IV D 11b	1174
IV D 11c	1175
IV D 12	1176
IV D 12a	1177
IV D 13	1178
IV D 13a	1179
IV D 13b	1180
IV D 13c	1181
IV D 14	1182
IV D 14a	1183
IV D 14b I	1184
IV D 14b II+III	1185
IV D 15	1186
IV D 16	1187
IV D 16a	1188
IV D 17	1189
IV D 17a	1190
IV D 17b	1191
IV D 17c	1192
IV D 17d I	1193
IV D 17d II	1194
IV D 17d III	1195
IV D 17d IV	1196

alte Nummer	neue Nummer
IV D 17d V	1197
IV D 17 d VI	1198
IV D 17d VII	1199
IV D 17d VIII	1200
IV D 17d IX	1201
IV D 17e	1202
IV D 17f I	1203
IV D 17f II	1024
IV D 17f III	1205
IV D 17f IV	1206
IV D 17f V	1207
IV D 17g	1208
IV D 18	1209
IV D 18a	1210
IV D 19	1211
IV D 20	1212
IV D 21	1213
IV D 22	1214
IV D 23	1215
IV D 24	1216
IV D 25	1217
IV D 26	1963
IV D 27	1964
IV D 28 I	1218
IV D 28 II	1219
IV D 28 III	1220
IV D 30	1221
IV D 31	1222
IV D 32	1223
IV D 33	1224
IV DD I 1 I	1225
IV DD I 1 II	1226
IV DD I 1a	1227
IV DD I 2	1228
IV DD I 3	1229
IV DD I Loc 1 1	1230
IV DD I Loc 1 2	1231
IV DD I Loc 1 3	1232
IV DD I Loc 1 4	1233
IV DD I Loc 1 5	1234
IV DD I Loc 1 6	1235
IV DD I Loc 1 7	1236
IV DD I Loc 1 8	1237
IV DD I Loc 1 9	1238
IV DD I Loc 1 10	1239
IV DD I Loc 1 11	1240
IV DD I Loc 1 12	1241
IV DD I Loc 1 13	1242
IV DD I Loc 1 14	1243
IV DD I Loc 1 15	1244
IV DD I Loc 1 16	1245
IV DD I Loc 1 17	1246
IV DD I Loc 1 18	1247
IV DD I Loc 1 19	1248
IV DD I Loc 1 20	1249
IV DD I Loc 1 21	1250
IV DD I Loc 1 22	1251
IV DD I Loc 1 23	fehlt
IV DD I Loc 1 24	1252
IV DD I Loc 1 25	1253
IV DD I Loc 1 26	1254
IV DD I Loc 1 27	1255
IV DD I Loc 2 1 I	1256
IV DD I Loc 2 1 II	1257
IV DD I Loc 2 2	1258
IV DD I Loc 2 3	1259
IV DD I Loc 2 4	1260
IV DD I Loc 2 5	1261
IV DD I Loc 2 6 I	1262
IV DD I Loc 2 6 II	1263
IV DD I Loc 2 6 III	1264
IV DD I Loc 2 6 IV	1265
IV DD I Loc 2 6 V	1266
IV DD I Loc 2 6 VI	1267
IV DD I Loc 2 6 VII	1268
IV DD I Loc 2 6 VIII	1269
IV DD I Loc 2 6 IX	1270
IV DD I Loc 2 6 X	1271
IV DD I Loc 2 6 XI	1272
IV DD I Loc 2 7	1273
IV DD I Loc 2 7b	1274
IV DD I Loc 2 8	1275
IV DD I Loc 2 9	fehlt
IV DD I Loc 2 9b	1276
IV DD I Loc 3 1	1277
IV DD I Loc 3 2	1278

alte Nummer	neue Nummer	alte Nummer	neue Nummer
IV DD I Loc 3 3	1279	IV DD I Loc 7 2	1320
IV DD I Loc 3 4	1280	IV DD I Loc 7 3	fehlt
IV DD I Loc 4 1	1281	IV DD I Loc 7 4	1321
IV DD I Loc 4 1a	1282	IV DD I Loc 8 1 I	1322
IV DD I Loc 4 1b	1283	IV DD I Loc 8 1 II	1323
IV DD I Loc 4 1c	1284	IV DD I Loc 8 1 III	1324
IV DD I Loc 4 1d	1285	IV DD I Loc 8 1 IV	1325
IV DD I Loc 4 1e	1286	IV DD I Loc 8 1 V	1326
IV DD I Loc 4 1f	1287	IV DD I Loc 8 1 VI	1327
IV DD I Loc 4 2	1288	IV DD I Loc 8 2 I	1328
IV DD I Loc 4 3	1289	IV DD I Loc 8 2 II	1329
IV DD I Loc 4 4	1290	IV DD I Loc 8 2 III	1330
IV DD I Loc 4 5	1291	IV DD I Loc 8 2 IV	1331
IV DD I Loc 4 6	1292	IV DD I Loc 8 3 I	1332
IV DD I Loc 4 7	1293	IV DD I Loc 8 3 II	1333
IV DD I Loc 4 8 I	1294	IV DD I Loc 8 4	1334
IV DD I Loc 4 8 II	1295	IV DD I Loc 8 5	1335
IV DD I Loc 4 9	fehlt	IV DD I Loc 8 6	fehlt
IV DD I Loc 4 10	1296	IV DD I Loc 8 7	1336
IV DD I Loc 4 11	1297	IV DD I Loc 9 1	1337
IV DD I Loc 4 12	1298	IV DD I Loc A I	1338
IV DD I Loc 4 13	1299	IV DD I Loc A II	1339
IV DD I Loc 4 14	fehlt	IV DD I Loc A III	1340
IV DD I Loc 4 15	1300	IV DD I Loc A IV	1341
IV DD I Loc 4 16	1301	IV DD I Loc A IVa	1342
IV DD I Loc 4 17	1302	IV DD I Loc A V	1343
IV DD I Loc 4 18	1303	IV DD I Loc A VI	1344
IV DD I Loc 4 19	1304	IV DD I Loc A VII	1345
IV DD I Loc 4 20	1305	IV DD I Loc B I	1346
IV DD I Loc 5 1	1306	IV DD I Loc C I	1347
IV DD I Loc 5 2	1307	IV DD I Loc D I	1348
IV DD I Loc 5 3	1308	IV DD I Loc D II	1349
IV DD I Loc 5 4	1309	IV DD I Loc D III	1350
IV DD I Loc 5 5	1310	IV DD I Loc D IV	1351
IV DD I Loc 5 6	1311	IV DD I Loc D V	1352
IV DD I Loc 5 7	1312	IV DD I Loc F I	1353
IV DD I Loc 5 8	1313	IV DD I Loc F II	1354
IV DD I Loc 5 9	1314	IV DD I Loc F III	1355
IV DD I Loc 5 10	1315	IV DD I Loc F IV	1356
IV DD I Loc 5 11	1316	IV DD I Loc F V	1357
IV DD I Loc 5 12	1317	IV DD I Loc F VI	1358
IV DD I Loc 6 1	1318	IV DD I Loc F VII	1359
IV DD I Loc 7 1	1319	IV DD I Loc G I	1360

alte Nummer	neue Nummer	alte Nummer	neue Nummer
IV DD I Loc G II	1361	IV DD II 13	1404
IV DD I Loc G III	1362	IV DD II 14	1405
IV DD I Loc G IV	1363	IV DD II 15	1406
IV DD I Loc G V	1364	IV DD II 16	1407
IV DD I Loc G VI	1365	IV DD II 17	1408
IV DD I Loc G VII	1366	IV DD II 18	1409
IV DD I Loc G VIII	1367	IV DD II 19	1410
IV DD I Loc G IX	1368	IV DD II 20	1411
IV DD I Loc G X	1369	IV DD II 21	1412
IV DD I Loc G XI	1370	IV DD II 22	1413
IV DD I Loc G XII	1371	IV DD II 23	1414
IV DD I Loc G XIII	1372	IV DD II 24	1415
IV DD I Loc G XIV	1373	IV DD II 25	1416
IV DD I Loc G XV	1374	IV DD II 26	1417
IV DD I Loc G XVI	1375	IV DD II 27	1418
IV DD I Loc G XVII	1376	IV DD II 28	1419
IV DD I Loc G XVIII	1377	IV DD II 29	1420
IV DD I Loc G XIX	1378	IV DD II 30	1421
IV DD I Loc G XX	1379	IV DD II 31	1422
IV DD I Loc G XXI	1380	IV DD II 32	1423
IV DD I Loc G XXII	1381	IV DD II 33	1424
IV DD I Loc G XXIII	1382	IV DD II 34	1425
IV DD I Loc G XXIV	1383	IV DD II 35	1426
IV DD I Loc H I	1384	IV DD II 36	1427
IV DD I Loc H II	1385	IV DD II 37	1428
IV DD I Loc H III	1386	IV DD II 38	1429
IV DD I Loc H IV	1387	IV DD II 39	1430
IV DD I Loc H	1388	IV DD II 40	1431
IV DD I Loc J	1389	IV DD II 41	1432
IV DD II 1a	1390	IV DD II 42	1433
IV DD II 1b	1391	IV DD II 43	1434
IV DD II 1c	1392	IV DD II 44	1435
IV DD II 2	1393	IV DD II 45	1436
IV DD II 3	1394	IV DD II 46	1437
IV DD II 4	1395	IV DD II 47	1438
IV DD II 5	1396	IV DD II 48	1439
IV DD II 6	1397	IV DD II 49	1440
IV DD II 7	1398	IV DD II 50	1441
IV DD II 8	1399	IV DD II 51	1442
IV DD II 9	1400	IV DD II 52	1443
IV DD II 10	1401	IV DD II 53	1444
IV DD II 11	1402	IV DD II 54	1445
IV DD II 12	1403	IV DD II 55	1446

alte Nummer	neue Nummer	alte Nummer	neue Nummer
IV DD II 56	1447	IV DD II 83	1490
IV DD II 57	1448	IV DD II 84	1491
IV DD II 58	1449	IV DD II 85	1492
IV DD II 59	1450	IV DD II 86	1493
IV DD II 60	1451	IV DD II 87	1494
IV DD II 61	1452	IV DD II 88	1495
IV DD II 62	1453	IV DD II 89	1496
IV DD II 63	1454	IV DD II 90	1497
IV DD II 64	1455	IV DD III 1a	1498
IV DD II 65	1456	IV DD III 1b	1499
IV DD II 66	1457	IV DD III 1c	1500
IV DD II 67	1458	IV DD III 2	1501
IV DD II 68	1459	IV DD III 3	1502
IV DD II 69	1460	IV DD III 4	1503
IV DD II 70	1461	IV DD III 5	1504
IV DD II 71	1462	IV DD III 6	1505
IV DD II 72 I	1463	IV DD III 7	1506
IV DD II 72 II	1464	IV DD III 8	1507
IV DD II 72 III	1465	IV DD III 9	1508
IV DD II 72 IV	1466	IV DD III 10	1509
IV DD II 72 V	1467	IV DD III 11	1510
IV DD II 72 VI	1468	IV DD III 12	1511
IV DD II 72 VII	1469	IV DD III 13	1512
IV DD II 72 VIII	1470	IV DD III 14	1513
IV DD II 72 IX	1471	IV DD III 15	1514
IV DD II 72 X	1472	IV DD III 16	1515
IV DD II 72 XI	1473	IV DD III 17	1516
IV DD II 72 XII	1474	IV DD III 18	1517
IV DD II 72 XIII	1475	IV DD III 19	1518
IV DD II 72 XIV	1476	IV DD III 20	1519
IV DD II 72 XV	1477	IV DD III 21	1520
IV DD II 72 XVI	1478	IV DD III 22	1521
IV DD II 72 XVII	1479	IV DD III 23	1522
IV DD II 73	1480	IV DD III 24	1523
IV DD II 74	1481	IV DD III 25	1524
IV DD II 75	1482	IV DD III 26	1525
IV DD II 76	1483	IV DD III 27	1526
IV DD II 77	1484	IV DD III 28	1527
IV DD II 78	1485	IV DD III 29	1528
IV DD II 79	1486	IV DD III 30	1529
IV DD II 80	1487	IV DD III 31	1530
IV DD II 81	1488	IV DD III 32	1531
IV DD II 82	1489	IV DD III 33	1532

alte Nummer	neue Nummer	alte Nummer	neue Nummer
IV DD III 34	1533	IV DD IV 19	1576
IV DD III 35	1534	IV DD IV 20	1577
IV DD III 36	1535	IV DD IV 21	1578
IV DD III 37	1536	IV DD IV 22	1579
IV DD III 38a	1537	IV DD IV 23	1580
IV DD III 38b	1538	IV DD IV 24	1581
IV DD III 39	1539	IV DD IV 25	1582
IV DD III 40	1540	IV DD IV 25b	1583
IV DD III 41	1541	IV DD IV 26	1584
IV DD III 42	1542	IV DD IV 27	1585
IV DD III 43	1543	IV DD IV 28	1586
IV DD III 44	1544	IV DD IV 29	1587
IV DD III 45	1545	IV DD IV 30	1588
IV DD III 46	1546	IV DD IV 31	1589
IV DD III 47	1547	IV DD IV 32	1590
IV DD III 48	1548	IV DD IV 33	1591
IV DD III 49	1549	IV DD IV 34	1592
IV DD III 50	1550	IV DD IV 35	1593
IV DD III 51	1551	IV DD IV 36	1594
IV DD III 52	1552	IV DD IV 37	1595
IV DD III 53	1553	IV DD IV 38	1596
IV DD III 54	1554	IV DD IV 39	1597
IV DD III 55	1555	IV DD IV 40	1598
IV DD III 56	1556	IV DD IV 41	1599
IV DD III 57	1557	IV DD IV 42	1600
IV DD IV 1	1558	IV DD IV 43	1601
IV DD IV 2	1559	IV DD IV 44	1602
IV DD IV 3	1560	IV DD IV 45	1603
IV DD IV 4	1561	IV DD IV 46	1604
IV DD IV 5	1562	IV DD IV 47	1605
IV DD IV 6	1563	IV DD IV 48	1606
IV DD IV 7	1564	IV DD IV 49	1607
IV DD IV 8	1565	IV DD IV 50	1608
IV DD IV 9	1566	IV DD IV 51	1609
IV DD IV 10	1567	IV DD IV 52	1610
IV DD IV 11	1568	IV DD IV 53	1611
IV DD IV 12	1569	IV DD IV 54	1612
IV DD IV 13	1570	IV DD IV 55	1613
IV DD IV 14	1571	IV DD IV 56	1614
IV DD IV 15	1572	IV DD IV 57	1615
IV DD IV 16	1573	IV DD IV 58	1616
IV DD IV 17	1574	IV DD IV 59	1617
IV DD IV 18	1575	IV DD IV 60 I	1618

alte Nummer	neue Nummer
IV DD IV 60 II	1619
IV DD IV 60 III	1620
IV DD IV 60 IV	1621
IV DD IV 60 V	1622
IV DD IV 60 VI	1623
IV DD IV 60 VII	1624
IV DD IV 60 VIII	1625
IV DD IV 60 IX	1626
IV DD IV 60 X	1627
IV DD IV 60 XI	1628
IV DD IV 60 XII	1629
IV DD IV 60 XIII	1630
IV DD IV 60 XIV	1631
IV DD IV 60 XV	1632
IV DD V A	1633
IV DD V 1	1634
IV DD V 2	fehlt
IV DD V 3	1635
IV DD V 4	1636
IV DD V 5	1637
IV DD V 6	1638
IV DD V 7	1639
IV DD V 8	1640
IV DD V 9	1641
IV DD V 10	1642
IV DD V 11	1643
IV DD V 12	1644
IV DD V 13	1645
IV DD V 14	fehlt
IV DD V 15	1646
IV DD V 16	1647
IV DD V 17	1648
IV DD V 18	fehlt
IV DD V 19	1649
IV DD V 20	1650
IV DD V 21	1651
IV DD V 22	1652
IV E 2a	1653
IV E 2b	1654
IV E 2c	1655
IV E 3	1656
IV E 4	1657
IV E 5	1658

alte Nummer	neue Nummer
IV E 5a	1659
IV E 6	1660
IV E 7	1661
IV E 8	1662
IV E 9	1663
IV E 10	1664
IV E 11	fehlt
IV E 12	1665
IV E 13	1666
IV E 14	1667
IV F 1	1668
IV F 2	1669
IV F 3	1670
IV F 4	1671
IV F 5	1672
IV F 6	1673
IV F 7	1674
IV F 8	1675
IV F 9	1676
IV F 10	1677
IV F 11	1678
V 5	1679

Veröffentlichungen des Landesarchivs Schleswig-Holstein

Band 1: Findbuch der Bestände Abt. 268 und 285: Lübecker Domkapitel mit Großvogtei und Vikarien sowie Amt Großvogtei, von Wolfgang Prange. 1975. XVII, 324 Seiten. ISBN 3-931292-01-0

Band 2: Findbuch des Bestandes Abt. 400.5: Von der Universitätsbibliothek Kiel übernommene Handschriften, von Wolfgang Prange. 1975. IV, 84 Seiten. ISBN 3-931292-02-9

Band 3: Findbuch des Bestandes Abt. 320 Eckernförde: Kreis Eckernförde, von Hans Wilhelm Schwarz. 1976. VIII, 89 Seiten. Vergriffen. Neuauflage siehe Band 44. ISBN 3-931292-03-7

Bände 4 und 5: Findbuch des Bestandes Abt. 7: Herzöge von Schleswig-Holstein-Gottorf 1544-1713. 1. und 2. Band, von Kurt Hector. 1977. XVI, XII, 852 Seiten. Nur zusammen zu beziehen. Auf die Nachträge und Indices, die als Band 11 erschienen sind, wird ausdrücklich verwiesen. ISBN 3-931292-04-5

Band 6: Findbuch des Bestandes Abt. 320 Eiderstedt: Kreis Eiderstedt 1867-1950, von Reimer Witt. 1978. VIII, 144 Seiten. Vergriffen. Neuauflage siehe Band 62. ISBN 3-931292-06-1

Band 7: Findbuch des Bestandes Abt. 218: Lauenburgisches Konsistorium zu Ratzeburg, von Wolfgang Prange. 1979. V, 148 Seiten. ISBN 3-931292-07-X

Band 8: Findbuch des Bestandes Abt. 320 Steinburg: Kreis Steinburg, von Robert Knull und Dagmar Unverhau. 1980. XVI, 215 Seiten. ISBN 3-931292-08-8

Band 9: Findbuch des Bestandes Abt. 65.1: Deutsche Kanzlei zu Kopenhagen bis 1730, von Konrad Wenn. 1981. VII, 171 Seiten. ISBN 3-931292-09-6

Band 10: Findbuch des Bestandes Abt. 107: Ämter Cismar und Oldenburg, von Wolfgang Prange. 1982. VIII, 73 Seiten. ISBN 3-931292-10-X

Band 11: Findbuch des Bestandes Abt. 7: Herzöge von Schleswig-Holstein-Gottorf 1544-1713. 3. Band, von Kurt Hector und Heinrich Frhr. von Hoyningen gen. Huene. 1983. Enthält Nachträge und Indices zu Band 4 und 5. XXIV, 422 Seiten. ISBN 3-931292-11-8

Band 12: Findbuch der Bestände Abt. 231, 232, 233 und 234: Ämter Lauenburg, Ratzeburg, Schwarzenbek und Steinhorst, von Wolfgang Prange und Konrad Wenn. 1984. XVII, 358 Seiten. ISBN 3-931292-12-6

Band 13: Findbuch des Bestandes Abt. 210: Lauenburgische Regierung zu Ratzeburg, von Wolfgang Prange und Konrad Wenn. 1985. XVII, 597 Seiten. ISBN 3-931292-13-4

Band 14: Findbuch des Bestandes Abt. 320 Segeberg: Kreis Segeberg, von Robert Knull und Dagmar Unverhau. 1985. XVIII, 140 Seiten. ISBN 3-931292-14-2

Band 15: Findbuch des Bestandes Abt. 320 Plön: Kreis Plön, von Hartmut Haase und Hans Wilhelm Schwarz. 1986. VIII, 262 Seiten. ISBN 3-931292-15-0

Bände 16 und 17: Findbuch der Reichskammergerichtsakten (Abt. 390 und andere), von Hans-Konrad Stein-Stegemann. 1986. XIX, 734 Seiten. 2 Bände: Titelaufnahmen und Indices. Nur zusammen zu beziehen. ISBN 3-931292-16-9

Bände 18 und 19: Findbuch der Reichskammergerichtsakten im Archiv der Hansestadt Lübeck, von Hans-Konrad Stein-Stegemann. 1987. XXI, 1067 Seiten. 2 Bände: Titelaufnahmen und Indices. Nur zusammen zu beziehen. ISBN 3-931292-18-5

Band 20: Schleswig-Holsteinische Archivtage 1985-1987 – Ansprachen und Vorträge. Hrsg. von Angelika Menne-Haritz. 1987. 140 Seiten. ISBN 3-931292-20-7

Band 21: Schleswig-Holsteinische Regesten und Urkunden. Band 9: Herrschaft Breitenburg 1256-1598. Bearb. von Kurt Hector und Wolfgang Prange. Neumünster 1988. XI, 657 Seiten. Nur im Buchhandel erhältlich. ISBN 3-931292-21-5

Band 22: Landschaft und Siedlung im Wandel. Alte Flurkarten aus Schleswig-Holstein, Erdbücher, Urkunden, Vermessungsinstrumente. Eine Ausstellung im Landesarchiv Schleswig-Holstein 1989/1990, von Susanna Misgajski. 1989. 64 Seiten. ISBN 3-931292-22-3

Band 23: Schleswig-Holsteinische Regesten und Urkunden. Band 10: Kloster Ahrensbök 1328-1565. Bearb. von Wolfgang Prange. Neumünster 1989. 455 Seiten. Nur im Buchhandel erhältlich. ISBN 3-931292-23-1

Band 24: Findbuch des Bestandes Abt. 8.1: Schleswig-Holstein-Gottorfisches (Großfürstliches) Geheimes Regierungs-Conseil zu Kiel 1720-1773, von Wolfgang Prange und Konrad Wenn. 1989. X, 258 Seiten. ISBN 3-931292-24-X

Band 25: Findbuch des Bestandes Abt. 8.2: Schleswig-Holstein-Gottorfische (Großfürstliche) Rentekammer zu Kiel 1720-1778, von Wolfgang Prange. 1990. IX, 207 Seiten. ISBN 3-931292-25-8

Band 26: Schleswig-Holsteinische Regesten und Urkunden. Band 11: Die Protokolle des Lübecker Domkapitels 1535-1540. Bearb. von Wolfgang Prange. Neumünster 1990. 330 Seiten. Nur im Buchhandel erhältlich. ISBN 3-931292-26-6

Band 27: Durchs Objektiv gesehen. Aspekte der Filmgeschichte in Schleswig-Holstein. Eine Ausstellung im Landesarchiv Schleswig-Holstein 1992/1993, von Jutta Matz. 1992. 59 Seiten. ISBN 3-931292-27-4

Band 28: Historisches Ortsnamenlexikon von Schleswig-Holstein. 2. völlig veränderte und erweiterte Auflage, von Wolfgang Laur. Neumünster 1992. 755 Seiten. Vergriffen. ISBN 3-931292-28-2

Band 29: Findbuch der Bestände Abt. 216 und 217: Lauenburgische Gerichte, von Wolfgang Prange. 1992. 149 Seiten. ISBN 3-931292-29-0

Band 30: Schleswig-Holsteinische Regesten und Urkunden. Band 12: Die Protokolle des Lübecker Domkapitels 1522-1530. Bearb. von Wolfgang Prange. Neumünster 1992. 874 Seiten. Nur im Buchhandel erhältlich. ISBN 3-931292-30-4

Bände 31 bis 33: Findbuch des Bestandes Abt. 66: Rentekammer zu Kopenhagen, Schleswig-Holsteinische Kammer auf Gottorf, General-Landwesens-Kollegium, Steuerkommissionen, von Wolfgang Prange und Konrad Wenn. 1993. 3 Bände, 1078 Seiten. Nur zusammen zu beziehen. ISBN 3-931292-31-2

Band 34: Findbuch des Bestandes Abt. 320 Bordesholm: Kreis Bordesholm 1867-1932, von Veronika Eisermann und Hans Wilhelm Schwarz. 1993. V, 86 Seiten. ISBN 3-931292-34-7

Band 35: Urkundenbuch des Bisthums Lübeck. Teil 1. Hrsg. von Wilhelm Leverkus. Neudruck der Ausgabe von 1856. Neumünster 1994. XXX, 901 Seiten. Nur im Buchhandel erhältlich. ISBN 3-931292-35-5

Band 36: Schleswig-Holsteinische Regesten und Urkunden. Band 13: Urkundenbuch des Bistums Lübeck. Band 2: Urkunden 1220-1439. Bearb. von Wolfgang Prange. Neumünster 1994. XIV, 656 Seiten. ISBN 3-931292-36-3

Band 37: Schleswig-Holsteinische Regesten und Urkunden. Band 8: Kloster Itzehoe 1256-1564. Bearb. von Hans Harald Hennings. Neumünster 1993. XIV, 569 Seiten. ISBN 3-931292-37-1

Band 38: Schienen zum Fortschritt. 150 Jahre Eisenbahn in Schleswig-Holstein. Ausstellungen zum Jubiläum der Eisenbahn in Schleswig-Holstein, von Christian Küster, Susanna Misgajski, Manfred Schulz und Günther Ungerbieler. 1994. 116 Seiten. ISBN 3-931292-38-X

Band 39: „Der Stand der Frauen, wahrlich, ist ein harter Stand". Frauenleben im Spiegel der Landesgeschichte. Hrsg. von Elke Imberger. 1994. 231 Seiten. ISBN 3-931292-39-8

Band 40: Schleswig-Holsteins Lied und Farben im Wandel der Zeiten. Vorträge und Diskussionen eines wissenschaftlichen Symposiums: „150 Jahre Schleswig-Holstein-Lied". Hrsg. vom Schleswig-Holsteinischen Heimatbund und dem Landesarchiv Schleswig-Holstein. 1995. 112 Seiten. ISBN 3-931292-40-1

Band 41: Der 8. Mai als politische Zäsur. Ansprachen und Vorträge zum Symposium „Ende und Anfang im Mai 1945" in der Marineschule Mürwik am 17. Mai 1995 (Landeszentrale für Politische Bildung. Labskaus 4). 42 Seiten. ISBN 3-931292-41-X

Band 42: Der Kaiser, der Kanal und die Kinematographie. Begleitheft zur Ausstellung im Landesarchiv Schleswig-Holstein: Birt Acres – 100 Jahre Film in Schleswig-Holstein, von Hauke Lange-Fuchs. 1995. 72 Seiten. ISBN 3-931292-42-8

Band 43: Archive in Schleswig-Holstein. Bearb. von Veronika Eisermann und Hans Wilhelm Schwarz. 1996. 115 Seiten. ISBN 3-931292-43-6

Band 44: Findbuch des Bestandes Abt. 320.3: Kreis Eckernförde 1867-1950, von Veronika Eisermann und Hans Wilhelm Schwarz. 1996. 2. wesentlich erweiterte Auflage. VIII, 290 Seiten. ISBN 3-931292-44-4

Band 45: Schleswig-Holsteinische Regesten und Urkunden. Band 14: Urkundenbuch des Bistums Lübeck. Band 3: Urkunden 1439-1509. Bearb. von Wolfgang Prange. Neumünster 1995. 806 Seiten. ISBN 3-931292-45-2

Band 46: Schleswig-Holsteinische Regesten und Urkunden. Band 15: Urkundenbuch des Bistums Lübeck. Band 4: Urkunden 1510-1530 und andere Texte. Bearb. von Wolfgang Prange. Neumünster 1996. 840 Seiten. ISBN 3-931292-46-0

Band 47: Landgraf Carl von Hessen 1744-1836. Statthalter in den Herzogtümern Schleswig und Holstein. Eine Ausstellung im Landesarchiv Schleswig-Holstein, von Jens Ahlers, Jürgen Ostwald, Reimer Witt und Heyo Wulf. 1996. 142 Seiten. Vergriffen. ISBN 3-931292-47-9

Band 48: Findbuch des Bestandes Abt. 320.9: Kreis Husum 1867-1950, von Marion Dernehl und Reimer Witt. 1997. VII, 119 Seiten. ISBN 3-931292-48-7

Band 49: Die Wappen der Kreise, Ämter, Städte und Gemeinden in Schleswig-Holstein. Bearb. von Martin Reißmann unter Mitwirkung von Uta Hess, Jutta Matz und Hans Wilhelm Schwarz. Husum 1997. 415 Seiten.
ISBN 3-931292-49-5

Bände 50 bis 53: Findbuch des Bestandes Abt. 260: Regierung des Bistums, Fürstentums, Landesteils Lübeck zu Eutin, von Gertrud Nordmann, Wolfgang Prange und Konrad Wenn. 1997. 4 Bände, 1896 Seiten. Nur zusammen zu beziehen. ISBN 3-931292-50-9

Band 54: Die Anfänge des Landes Schleswig-Holstein. Vier Vorträge aus Anlaß des 50jährigen Landesjubiläums. Hrsg. vom Schleswig-Holsteinischen Heimatbund und dem Landesarchiv Schleswig-Holstein. 1997. 104 Seiten mit 10 Abb. ISBN 3-931292-51-7

Band 55: Landgraf Carl von Hessen 1744-1836. Vorträge zu einer Ausstellung. Hrsg. von Reimer Witt und Heyo Wulf. 1997. 163 Seiten. Vergriffen.
ISBN 3-931292-52-5

Band 56: Der Hesterberg. 125 Jahre Kinder- und Jugendpsychiatrie und Heilpädagogik in Schleswig. Eine Ausstellung im Landesarchiv Schleswig-Holstein, von Susanna Misgajski. 1997. 158 Seiten. ISBN 3-931292-53-3

Band 57: Die Gottorfer auf dem Weg zum Zarenthron. Russisch-gottorfische Verbindungen im 18. Jahrhundert. Katalog zur Ausstellung im Landesarchiv Schleswig-Holstein, von Michail Lukitschev und Reimer Witt, unter Mitwirkung von Svetlana Dolgova, Jutta Matz, Marina Osekina und Sven Schoen. 1997. 199 Seiten. Vergriffen. ISBN 3-931292-54-1

Band 58: Schleswig-Holsteinische Regesten und Urkunden. Band 16: Urkundenbuch des Bistums Lübeck. Band 5: Siegelzeichnungen, Überlieferung, Indices. Bearb. von Wolfgang Prange. Neumünster 1997. 363 Seiten.
ISBN 3-931292-32-0

Band 59: Schleswig-Holsteinische Beamte 1816-1848, von Gertrud Nordmann. 1997. VII, 445 Seiten. ISBN 3-931292-56-8

Band 60: Findbuch des Bestandes Abt. 170: Landschaft Stapelholm 1699-1867 (-1925), von Marion Dernehl. 1998. V, 52 Seiten. ISBN 3-931292-17-7

Band 61: Findbuch des Bestandes Kreis Herzogtum Lauenburg (Ratzeburg) 1873-1950, von Cordula Bornefeld und Hartmut Haase. 2001. 2 Bände. XII I, 693 Seiten. ISBN 3-931292-33-9

Band 62: Findbuch des Bestandes Abt. 320.4: Kreis Eiderstedt 1867-1950. Neu bearb. von Marion Dernehl und Reimer Witt. 1998. 2. erweiterte Auflage. IX, 172 Seiten. ISBN 3-931292-19-3

Band 63: Die Staatsgrundgesetze 1848/49 in Schleswig-Holstein und Lauenburg: Reprint zeitgenössischer Drucktexte. Hrsg. vom Verein zur Förderung des Landesarchivs Schleswig-Holstein e. V. 1998. 64 Seiten. ISBN 3-931292-55-X

Band 64: Heinrich Rantzau (1526-1598) – Statthalter in Schleswig und Holstein. Ein Humanist beschreibt sein Land. Katalog zur Ausstellung im Landesarchiv Schleswig-Holstein. Landesbeschreibung – Aufsätze – Katalog. Hrsg. von Marion Bejschowetz-Iserhoht, Hans Braunschweig, Reimer Witt und Heyo Wulf. 1999. 346 Seiten. ISBN 3-931292-57-6

Band 65: Findbuch der Bestände: Tønder kreds/Kreis Tondern 1867-1920 und/og Kreis Südtondern/Sydtønder kreds 1920-1950 i/im Landsarkivet for Sønderjylland und/og Landesarchiv Schleswig-Holstein. Redaktion Bettina Reichert und Hans Schultz Hansen. 1999. 353 Seiten. ISBN 3-931292-58-4

Band 66: Staatsgrundgesetze 1848/49 in Schleswig-Holstein und Lauenburg Katalog zur Ausstellung im Haus Mecklenburg, Ratzeburg, 11. Mai bis 7. November 1999, von Hans Wilhelm Schwarz. 1999. 112 Seiten. ISBN 3-931292-61-4

Band 67: Findbuch des Bestandes Abt. 20: Herzöge von Schleswig-Holstein-Sonderburg-Plön, von Wolfgang Prange und Konrad Wenn. 1999. XVIII, 220 Seiten. ISBN 3-931292-62-2

Band 68: Findbuch des Bestandes Abt. 2002: Landesfilmarchiv, von Dirk Jachomowski. 1999. XII, 258 Seiten mit 70 Abb. ISBN 3-931292-59-2

Band 69: Gilden in Schleswig-Holstein. Vorträge zur Ausstellung im Landesarchiv Schleswig-Holstein. Hrsg. von Marion Bejschowetz-Iserhoht, Reimer Witt und Heyo Wulf. 2000. 172 Seiten mit 17 Abb. ISBN 3-931292-63-0

Band 70: Findbuch Helgoländer Bestände: Abt. 174 Landschaft und britische Kronkolonie Helgoland; Abt. 131 Helgoland, Landgemeinde; Abt. 320.22 Inselkreis Helgoland, von Malte Bischoff und Robert Knull. 2003. 70 Seiten. ISBN 3-931292-60-6

Band 71: Wappen – Zwischen Tradition und Fortschritt. Begleitheft zur Ausstellung im Landesarchiv Schleswig-Holstein, von Martin Reißmann. 2000. 36 Seiten mit 24 Abb. ISBN 3-931292-65-7

Band 72: Findbuch des Bestandes Abt. 3: Grafschaft Holstein-Schauenburg-Pinneberg. Bearb. von Malte Bischoff und Lars E. Worgull. 2002. 89 Seiten. ISBN 3-931292-66-5

Band 73: Findbuch der Bestände: Tønder amt til 1867/Amt Tondern bis 1867 i/im Landsarkivet for Sønderjylland og/und Landesarchiv Schleswig-Holstein, von Bettina Reichert und Jesper Thomassen. 2001. XXX, 377 Seiten. ISBN 3-931292-67-3

Band 74: Im Spannungsfeld zwischen Regional- und Landesgeschichte. Vorträge eines Regionalsymposiums im Landesarchiv Schleswig-Holstein. Hrsg. von Reimer Witt. 2003. 116 Seiten. ISBN 3-931292-64-9

Band 75: Von Gottesfurcht und Kirchenzucht. Aspekte kirchlichen Lebens in Schleswig-Holstein im 17. Jahrhundert. Katalog zur Ausstellung im Landesarchiv Schleswig-Holstein. Hrsg. von Marion Bejschowetz-Iserhoht, Malte Bischoff und Reimer Witt. 2001. 72 Seiten mit 38 Abb. ISBN 3-931292-68-1

Band 76: Wolfgang Prange: Beiträge zur schleswig-holsteinischen Geschichte. Ausgewählte Aufsätze. Neumünster 2002. ISBN 3-529-02212-8

Band 77: Archivalien zur Geschichte Schleswig-Holsteins im Niedersächsischen Staatsarchiv in Stade, von Robert Gahde. 2002. 91 Seiten. ISBN 3-931292-69-X

Band 78: Kirchliches Leben in Schleswig-Holstein im 17. Jahrhundert. Vorträge zu einer Ausstellung im Landesarchiv Schleswig-Holstein. Hrsg. von Marion Bejschowetz-Iserhoht und Reimer Witt. 2003. 216 Seiten. ISBN 3-931292-71-1

Band 79: Nicht erschienen.

Band 80: Schleswig-Holstein und die Niederlande – Aspekte einer historischen Verbundenheit. Katalog zur Ausstellung im Landesarchiv Schleswig-Holstein. Hrsg. von Ernst Joachim Fürsen und Reimer Witt. 2003. 184 Seiten. ISBN 3-931292-72-X

Band 81: Findbuch des Bestandes Abt. 320.12: Kreis Pinneberg, von Robert Knull. 2003. 126 Seiten. ISBN 3-931292-73-8

Band 82: Das dritte Elbherzogtum. Der Kreis Herzogtum Lauenburg und seine Geschichte. Eine Ausstellung des Landesarchivs Schleswig-Holstein und des Kreises Herzogtum Lauenburg, von Eckardt Opitz und Martin Knauer. 2003. 34 ungezählte Blätter. Vergriffen. ISBN 3-931292-74-6

Band 83: Von ehrbaren Handwerkern und Böhnhasen. Handwerksämter in Schleswig-Holstein. Katalog zur Ausstellung im Landesarchiv Schleswig-Holstein. Hrsg. von Marion Bejschowetz-Iserhoht und Reimer Witt. 2004. 76 Seiten mit 36 Abb. ISBN 3-931292-75-4

Band 84: Findbuch des Bestandes Abt. 320.11: Kreis Oldenburg 1867-1950. Bearb. von Veronika Eisermann. 2004. VI, 53 Seiten. ISBN 3-931292-76-2

Band 85: Findbuch des Bestandes Abt. 314: Oberversicherungsamt, von Wulf Pingel. 2005. 72 Seiten. ISBN 3-931292-77-0

Band 86: Heinrich Rantzau (Christianus Cilicius Cimber): Belli Dithmarsici vera descriptio – Wahre Beschreibung des Dithmarscher Krieges. Übersetzt, ediert und eingeleitet von Fritz Felgentreu. 2009. 252 Seiten mit 12 Abb. ISBN 978-3-931292-78-2

Band 87: Findbuch des Bestandes Abt. 301: Oberpräsidium und Provinzialrat der Provinz Schleswig-Holstein, von Elke Imberger. 2005. 584 Seiten. ISBN 3-931292-79-7

Band 88: Findbuch des Bestandes Abt. 111: Ämter Reinbek, Trittau, Tremsbüttel, von Dirk Jachomowski und Wulf Pingel. 2006. 261 Seiten. ISBN 3-931292-80-0

Band 89: Roland Lucht: Das Landesarchiv Schleswig-Holstein. Eine Betrachtung aus archivtechnischer Sicht. 2006. 51 Seiten. Vergriffen. ISBN 3-931292-81-9

Band 90: Findbuch des Bestandes Abt. 47: Christian-Albrechts-Universität Kiel. Teil 1: 1665-1945, von Georg Asmussen. 2007. 197 Seiten. ISBN 978-3-937816-43-2

Band 91: Findbuch des Bestandes Abt. 47.1: Kuratorium der Christian-Albrechts-Universität, von Georg Asmussen. 2007. 75 Seiten. ISBN 978-3-937816-44-9

Band 92: 99 Silbermünzen. Der Haselauer Münzfund aus der Zeit des Dreißigjährigen Krieges. Katalog zur Ausstellung im Landesarchiv Schleswig-Holstein. Hrsg. von Marion Bejschowetz-Iserhoht und Rainer Hering. 2008. 216 Seiten mit 151 Abb. ISBN 978-3-931292-82-9

Band 93: Die Ordnung der Natur. Historische Gärten und Parks in Schleswig-Holstein. Katalog zur Ausstellung des Landesarchivs Schleswig-Holstein in Zusammenarbeit mit dem Archiv für Architektur und Ingenieurbaukunst. Hrsg. von Marion Bejschowetz-Iserhoht und Rainer Hering. 2008. 216 Seiten mit 121 Abb. ISBN 978-3-931292-83-6

Band 94: Findbuch des Bestandes Abt. 79: Ministerium für das Herzogtum Schleswig zu Kopenhagen 1851-1864, von Jörg Rathjen. 2008. 137 Seiten.
ISBN 978-3-937816-48-7

Band 95: Archive zwischen Konflikt und Kooperation/Arkiver mellem konflikt og samarbejde. 75 Jahre deutsch-dänisches Archivabkommen von 1933/75 år dansk-tysk arkivoverenskomst af 1933. Hrsg. von/udgivet af Rainer Hering, Johan Peter Noack, Steen Ousager und/og Hans Schultz Hansen (Landesarchiv Schleswig-Holstein/Statens Arkiver i Danmark). 2008. 159 Seiten mit 1 Abb. ISBN 978-3-937816-59-3

Band 96: Die Ordnung der Natur. Vorträge zu historischen Gärten und Parks in Schleswig-Holstein. Hrsg. von Rainer Hering. 2009. 271 Seiten mit 119 Abb.
ISBN 978-3-937816-65-4

Band 97: Findbuch der Bestände Abt. 80 und 56: Ministerium für die Herzogtümer Holstein und Lauenburg zu Kopenhagen 1852-1864 sowie Holsteinische Regierung zu Kopenhagen bzw. Plön 1862-1864, von Jörg Rathjen. 2010. 646 Seiten. ISBN 978-3-937816-66-1

Band 98: Findbuch des Bestandes Abt. 109: Ämter Reinfeld, Rethwisch, Traventhal, von Wulf Pingel. 2010. 128 Seiten. ISBN 978-3-937816-77-7

Band 99: Findbuch der Bestände Abt. 51, 52, 53, 54 und 55: Regierungen der Herzogtümer während der Erhebung 1848-1851, Dänische Immediatkommission zur gemeinsamen Regierung der Herzogtümer in Sonderburg 1848-1849, Landesverwaltung für das Herzogtum Schleswig 1849-1851 und Dänischer Regierungskommissar 1850-1851, Oberste Zivilbehörde für das Herzogtum Holstein in Kiel 1851-1852 sowie Militärische Behörden der Erhebungszeit 1848-1851, von Jörg Rathjen. 2010. 632 Seiten.
ISBN 978-3-937816-78-4

Band 100: Archivführer Schleswig-Holstein. Archive und ihre Bestände. Hrsg. vom Landesarchiv Schleswig-Holstein, dem Verband schleswig-holsteinischer Kommunalarchivarinnen und -archivare e. V. (VKA) und dem Nordelbischen Kirchenarchiv. 2011. 501 Seiten mit zahlreichen Abb.
ISBN 978-3-937816-83-8

Band 101: Das Gedächtnis unseres Landes. Archive in Schleswig-Holstein. Begleitschrift zur Ausstellung. Hrsg. von Manfred von Essen, Rainer Hering, Anke Rannegger und Johannes Rosenplänter. 2011. 52 Seiten mit zahlreichen farb. Abb. ISBN 978-3-931292-85-0

Band 102: Findbuch des Bestandes Abt. 22: Herzöge von Schleswig-Holstein-Sonderburg-Augustenburg, von Jörg Rathjen. 2012. 227 Seiten.
ISBN 978-3-937816-89-0

Bestellungen sind zu richten an:

Landesarchiv Schleswig-Holstein
Prinzenpalais
24837 Schleswig
Tel. 04621 8618-00
Fax 04621 8618-01
E-Mail: landesarchiv@la.landsh.de
http://www.landesarchiv.schleswig-holstein.de

Die Bände 90, 91, 94 bis 100 sowie 102 der Reihe können über den Buchhandel und über den Verlag bezogen werden:

Hamburg University Press
Verlag der Staats- und Universitätsbibliothek Hamburg Carl von Ossietzky
Von-Melle-Park 3
20146 Hamburg
Tel.: 040 42838-7146
Fax: 040 42838-3352
E-Mail: order.hup@sub.uni-hamburg.de
http://hup.sub.uni-hamburg.de

Die Ausstellungskataloge sind direkt über das Landesarchiv zu beziehen.